創刊によせて

中田喜文（事業承継学会代表理事，同志社大学教授）

　この度，本学会誌が「事業承継」の名で刊行されることとなり，望外の喜びを感じている。本学会は，2010年5月に設立されたが，当初は20名そこそこで，ほとんどが発起人というほどの小所帯であった。さらに遡れば，その2年前から彼ら発起人の一人によって立ち上げられた同志社大学事業承継研究会での毎月の研究会がその源流である。それ故，学会設立までの活動は，まさに少数有志による勉強会そのものであった。

　しかし，2010年5月の学会設立から今日までの1年余りの期間における成長は目覚ましいものがある。既に，会員数は百有余名を超え，また活動も地域的に大きく広がり，発祥の地京都から，定例となった毎月の研究会も，その場所を東京，名古屋と広がっている。そして今回学会誌が刊行となった。このようなスピードで活動が拡大するのは，ポテンシャルな学会活動に対する社会的関心の大きさがあるからであろう。しかし，たとえ研究会活動がこのように京都，東京，名古屋と開催地を増やしていっても，そこに参加できるのは，我々の活動に興味を持ってくださっている方のほんの数パーセントであろう。それ故に，どこからでも，いつからでも学会活動の成果にアクセスできる学会誌の発刊により，潜在的学会員による我々の活動へのアクセサビリティーは飛躍的に高まるだろう。

　今，学会活動はその広がりを国内のみならず国外をも包含し始めている。既に英国の著名な300年企業であるBBR社のサイモン・ベリー会長を昨年の学会フォーラムの基調講演者として招へいし，目下，次年度フォーラム基調講演者候補としてロスチャイルド銀行オーナーである，エドモンド・ロスチャイルド男爵との交渉を開始したところである。それ故，この学会誌が世界でアクセス可能な形態に転換するのにもそれほどの日時を要しないだろう。否，学会のメンバーの多くは，速やかに英文学会誌の発行を目指したいと思っている。そのための一歩がこの創刊号である。そして，これは未だお会いできていない将来の学会員のみなさんへの，招待状である。ようこそ事業承継学会へ！

目　次

創刊によせて　　中田喜文 … i

特集 1　事業承継学の確立にむけて ─事業創造・持続・承継　　1

自今生涯　　堀場雅夫 … 2

温故知新　　林　廣茂 … 10

パネルディスカッション … 19
　パネリスト　堀場雅夫
　　　　　　　林　廣茂
　　　　　　　辻　理
　　　　　　　田中準一
　司会　　　　中田喜文

特集 2　日本の事業承継 ─先達から学ぶ 21 世紀の姿　　27

企業の永続と発展　　石田隆一 … 28

老舗企業から学ぶ事業の継続性　　横澤利昌 … 33

事業承継の知恵　　小林林之助 … 41

論文

ファミリービジネス論における事業承継　　後藤俊夫　　46

事業継承におけるドメイン変更要因について
　　―高知県の建設業のケースからの考察―　　末包厚喜　　54

長寿企業の事業承継と存続にかんする研究
　　―千年企業を中心とする史的分析―　　曽根秀一　　66

組織行動学の見地から捉えた事業承継
　　―ものづくり企業の組織構造との関連性―　　桑木小恵子, 髙嶋博之　　78

研究ノート

同族会社の株式価格算定に関する裁判例の傾向の分析について
　　古家野彰平, 中野雄介　　95

事例研究

京仏壇・京仏具の老舗
　　―株式会社若林佛具製作所　　河口充勇　　102

特別寄稿論文

Fostering Long-Term Entrepreneurship
European Family Businesses-GEEF (European Group of Owner Managed and Family Enterprises)　　109

彙報

学会各種イベントの報告（2010年5月31日〜2011年9月30日）　　112
一般社団法人 事業承継学会会則　　117

目次

事業承継学会役員一覧	120
『事業承継』投稿規定	121
『事業承継』執筆要領	122
入会案内	123
編集後記	124

特集1
事業承継学の確立にむけて
―事業創造・持続・承継

2010年12月4日（土）～5日（日），同志社大学にて事業承継学会と同志社大学技術・企業・国際競争力研究センター（ITEC）の共催による2010年度事業承継研究大会が開催された。以下は，その折の講演録である。

自今生涯

堀場雅夫（株式会社堀場製作所最高顧問）

I この世に生を受けるということ

ま ず、この中で日本に生まれようと思って生まれた方はいらっしゃいますか？ これは、いないですよね。生まれてみたら日本人やったと思います。皆さん方は、年末3億円宝くじにあたるよりもはるかに良い思いをされていると思います。世界中をみわたしましても、日本ほど安心・安全で豊かで、何もせんでも食えるし、何をしても食える、そんな国は他にないわけです。したがって、ここで生まれたということは、山登りでいえば、8合目まではヘリコプターで上がったみたいなものです。残された仕事は、8合目から頂上に登るだけです。これはすばらしいことだと思います。皆さん方は同じ確率でソマリアに生まれていたかもわからない。アフガンに生まれていたかもわからない。そんな方は海抜0か、マイナスのところから這い上がっていっているわけですから、それは2合目、3合目あたりにいったら力尽きて倒れるわけですから、日本に生まれたということは本当にすばらしいことだと思います。

で は、どうして我々が生まれてきたのかということなんですが、簡単なことで、自分の父親と母親がセックスをして生まれてきたわけです。数字的には、男は一生のうち何回セックスするかを調べたところ、草食男子になってセックスレスとかあるので、しっかりしたデータがないのですが、15年前のデータによると、個人差はあるんですが、一生のうちアベレージで2500回くらい。1回のセックスで、どの程度、精子が出るか。これも最近、だらしないんで、1億を切っているんですか、元気な時は2，3億。少ない目にみて1億とし

ますと、2500回×1億ですから、2500億匹の精子が放出されている。女性は個人差がありますが、400の卵子が一生に出るとしたら、2500億×400で100兆ですね。子どもが二人生まれたら精子・卵子ベースからみると、50兆分の1の確率で、この世に生を受けたことになります。50兆分の1というのは国家予算が数10兆ですから、その1円玉にあたったみたいなもんです。今、世界中の赤ちゃんから年寄りまで全員が1年間で1円で宝くじを買う。1万年目に一人当たって50兆円の賞金がもらえる。卵子・精子サイドからみると、そういう確率で我々は生まれてきたわけです。

こ れは信じられないような数字で、本当にすごいことだと思います。大部分の精子と卵子は死んでしまったわけですから、我々は、この世に生を受けて、一生価値ある人生を送らないといけないということを、つくづく思うわけです。その割りに、自分がこの世に生を受けたことを大切にしている人が少ない。我々は、もう一度、この世に生を受けているということを、もっと真剣に考えて、もっと自分を大事にして、自分の幸福ということをもっともっと追求することをやらないといけな

いと思うんですね。

Ⅱ　人間個々の能力について

人間はそれぞれに能力を持っておるわけで、人間の能力のすごさというのは、現在の自然科学では信じられないものがたくさんあります。ロボットの研究会がありまして、最近のロボットは重いものを担ぎ上げるとか、あるいは危険なところで作業するということよりも、いかに人間に近い状態にするかのほうに興味が移りつつあります。それによって介護をしたり、人間と同じような役割を果たせるように、というのがコンセプトになっているわけですが。その研究会の後にパーティがありまして、そこの先生たちに「今日の話から想像して、今の生きた人間はいくら値段をつけますか？」と聞いたら「値段なんか、つけられへんわ」と答える。「まあ、つけてください」と食い下がると、一人の先生が「1000億はかかるな。1000億かけてもできないけど、1000億くらいの価値がある」と。隣にいた人が「そんなもん、1000億なんてとんでもない、2000億、3000億や」という。また横の人が「とんでない4000億、5000億」という。最高は5000億です。安かったのが1000億。これ、なかなか重要な内容で、「自分はたいしたことない人間や」と思っていても、ミニマム1000億の価値があるんですね。「わしはちょっとマシな人間」と思うたら2000、3000億、「わしは特別優秀な人間や」というと5000億という価値なんですよ。現在の自然科学からみたら、そうなんです。

先日、自分は相当高いなと思ったことがあるんです。何かというと、この歳になると小学校の同窓生がボロボロ死んでいきよるんです。女の子はまだ平均寿命が長いのですが、男の子は79歳が平均年齢ですから、ボロボロ死んでいって、あと数人しかおらんというので「生きている間にいっぺん集まろうか」となって集まりました。四条河原町で待ち合わせしました。すると、向こうから赤信号やのに横断歩道を渡ってくるおばあさんがいて誰かと思ってみていたら、ここまで来たらわかるんですよ。今から75年前に12歳だった時以来一度も会っていなんですね。女学校に行って嫁さんになって子どもを産んで、おばさんになって、おばあさんになって、その間、70数年間全然みてない。しかし1,2秒で、その人をみたら、12歳の女の子の時の、その人が86〜87歳になった時、こんな顔やということを予測することができる。こんなこと、ロボットにできますか。スーパーコンピューター何台か並列して働かしても、1秒、2秒で、パッと12歳の女の子が、おばあさんの顔から出てきませんわな。これだけみても、相当な技術で、これだけで何百億かかりますよね。そんなことが一杯あるんです。

音声認識でも、NTTなどでやっておられますが、うちの妻なんかは、私の感情が電話一つで全部わかるんですね。「今日、お客さんが、うるそうてな、帰り遅いから先に寝とけ」というたら「あんた、そんなことをいうて、今、うれしいんやろ？」（笑）と答える。なんかしらんけど、わかってしまうんです。そういうことを一つ一つ取り出してみると、めちゃくちゃ人間というのはすごい。今日、トヨタの方も来ておられますが、内燃機関においては世界でトヨタが一番進んでいると聞いていますが、そのトヨタのチャンピオンデータとして燃料のエネルギーに対して機械エネルギーへの変換効率が40％を越えるものができたという。40％、他の国の安もんのエンジンに比べたら圧倒的にすばらしい数字ですよね。もっと研究して50％にもってきたら、それだけ分、石油の消費量が少なくなるわけですから、変なことをするよりも内燃機関の効率を上げる方がはるかにいいわけです。しかしですね、世界最高の技術をもってしても40％、人間が100メートル全力疾走してゴールについておでこを触ったら火傷したという人、ないですわな。というのはいかにトヨタといえども、40％の効率で、あと60％は熱で逃げているわけですね。人間はどうか？自分の体の中に持っている燃料を機械エネルギーに変換して100メートルを10秒で走る。マラソンなら42キロを2時間ちょっとで走る。ゴールについたら体温が下がっている人もある。ということは、燃料を99.9％、機械エネルギーに変換しなかったら熱はどこかで出るはずです。熱が出ないというのは変換効率がむ

ちゃくちゃ良いわけです。現在の自然科学でいかに考えても人間の生命に属するものはケタ違いにすばらしい。この間も，工業化学の先生に「人間の持つ機能を今の化学工学の技術をもって工場をつくってみたら，どうなるでしょうか？」と聞きました。その先生は真面目な方で，2週間ほどして電話がかかってきて「これは大体の数字だけど，人間の機能を現在の化学工場にしてミニマムの単位の工場をつくって，働かせるのに人口5〜10万の都市の電力がいるという計算や」という。我々はそれをポータブルで持って歩いている。それもめちゃくちゃ性能良いわけですよ。

Ⅲ 人間の一回性

サイエンスは，人文科学，社会科学，自然科学と3つに分かれていて，生物と医学を自然科学の中に入れているわけですが，自然科学の中に入れるということは間違いでして，ここにもう一つ生命科学を加えるべきです。いや，そもそも科学というタームを付けること自体に私は反対なんです。科学というのは何かというと，必ずそこには要素還元法がありまして，わからないものを細かく刻んで，分子レベル，電子レベルまで細かく刻んで，それを再構築して，その姿が何者であるかを知ろうとするわけですね。でも人間の体はどうか？ 刻んで，細胞を切り刻んで，どういう物質からできているかがわかっても，そやから何やねんという，ぐちゃぐちゃに切ってしまうと死んでしまいますわな。死んでしまったものは元の姿に戻らない。自然科学は要素還元法によって細かく刻んで再構築をしたら元の恰好に戻って，何物かがわかるということと，必ず再現性があるわけです。我々ものづくりをしている人間にとって一番大事なことは何か。昨日つくったものも，今日つくったものも，明日つくるものも，性能は全く同じものができるということが品質管理で一番大事なんです。でも人間はいい加減なものです。全く再現性がないわけです。昨日，ものすごく良いことをいったけど，明くる日，何をいうかわからん。政治家なんか，まさにその代表的なものでありますが，どんな偉い人でも再現性がないわけ

です。ここで今，こういうふうにお話をさせていただいて，明日，同じように座って同じような話をしても全然違うわけですわな。「もう済んだ話やないか，おまえ何いうとんねん」といわれるだけの話です。人間の社会は一回性なんで。人間はすべて，瞬間，瞬間，1回限りということを，我々は理解せねばならないと思います。

一回性というのは，人間の世界だけでなしに，自然，たとえば気象，ここから今，比叡山をみると，比叡山に雲がかかっているという景色があります。来年のこの時にみたら，全然違いますし，明日も違う，明後日も違う。昨日も違ったし，一昨日も違った。気象も1回限りなんです。何かが違ってるわけです。そこに生えてる木の葉っぱが1枚違うかもしれない。これはまさに自然の方も1回限り，人間もすべて1回限り。これが今までいわれている自然科学と違うことを示しているわけです。

そういう意味で，私は人間というものを，一般的なルールでみていくということに疑問を持っています。今，盛んなiPS細胞，NK細胞についてお話しましょう。人工臓器ではなく，自分の細胞で臓器ができる。それを，自動車を修理するように，身体の部品を交換することによって人間はずっと健康でいられる。健康でいられるのは大変ありがたいんですか，皆が，それをやりだしたら，どうですか？ 皆が100，200，300歳と生きたら，どうなるんでしょうかね。そんな人，ほっとくわけにいかんし，死なないし，どうにもにならん。人間は死ぬから次の人が生まれるのであって，死ななかったら，どうなります？ 考えただけでも，怖いですね。人間をあまり変なことでいじくり回すのは，人間社会というものを根本的に変えてしまうと思うんですね。大きな疾患があって，若くて苦しんでいる人に対して血管，臓器を正常なものに換えて，正常な年数を元気で生きられることは大事なことですが，元気な人の寿命を延ばすために心臓も入れ替え，肝臓も，腎臓も入れ換えてピンピンされたら困りますよね。そういうことで，バイオテクノロジーの発展が全て人間にとって本当にいいのでしょうかという気持ちになるわけです。

IV 自己を過小評価しがちな日本人

それほど人間というのは、すばらしいんですが、日本人は平均して自分を過小評価していますね。「これ、君やってくれ」というと、「いや、私、とても無理ですわ」といわれる場合が多いんですね。「無理って、やりもせんで、なんで無理や？」というと、「ちょっと私には荷が重すぎます」と返される。それでも「やってみい、死んでもやれ」というと、ほとんどの人はやれるんです。多くの人が自分を低目にみている。

一体なぜかなと考えると、何となくわかるんですね。私は、自動車を新しく換えたら、それをテストするんです。あんなに高いものを買っているのに、自動車のカタログには自動車の性能があまり書かれていないんです。なぜかと聞いたら、書くとだめのようです。最高時速を書くと、「日本の道は100キロ以上走れるところはない。それでなんで200キロの車をつくるんや」といわれたら困るから、最高時速については一切書かれていない。しかし自動車雑誌を買ったら、めちゃくちゃ細かく書いてあるんですね。私も自動車を買うと、テストするんですよ。本当にどれくらいかなと。

要するに、車にしてみたら喜んでくれると思うんですよ。というのは、ほとんどの人が、せいぜい名神高速で120、130キロを出したら、それ以上は出しません。普通の道を走っていたら平均時速20、30キロです。それを数万キロ走ったらポンコツで売ってしまうわけでしょ。車に命があったらどうです？「うちの主人は私の能力を半分も、3分の1も使わず、わしをポンコツにしてしまった」という。その自動車、かわいそうやと思いませんか？ もっとかわいそうなのは人間なんです。人間で、本当に自分の能力の限界を知っている人なんて、ほとんどないと思いますね。私の回りで限界に挑んでいる人は数名いますが、オリンピック選手になりたいために毎日、トレーニングで30、40キロ走っている。風邪気味の時、「そんなことをしたら死ぬ」といわれても、死なない。やっている。もう一つは、比叡山のお坊さんの千日回峰ですね。千日間、40キロの山道を歩く。朝、4時から出て、夜遅く帰ってきて、寝るのかと思うと、それから護摩焚くんです。2、3時間寝て、また修行。インターバルは途中でちょっと空けますけど、千日間修行する。医者に聞いたら「必ず死ぬ」といいます。でも、必ず死にません。そういう限界までやっている人はありますが、肉体の極限は精神の極限と一緒なんです、人間の極限は。しかし、そんなことはまず誰もしない。

これは教育の問題やと思いますけど、知性と教育というのは何か。アホみたいにフルスロットルで自動車に乗るというのは知性と教養のない人ですよ。死ぬほどトレーニングをするのも知性と教養のない人です。大体、知性と教養のある人は、すなわちリスクマネジメントの能力が高いというんですけど、日本のリスクマネジメントと、一般的なリスクマネジメントの違いは何か。本来、リスクマネジメントはリスキーなことをやるけれど、その時に何か問題が起きた時、最小限度の損失で止めるにはどうするか。これがリスクマネジメントです。日本は明快なんです。リスキーなことはしない。危険なことはやらない。これでは本当にリスクは負わないですね。でもそれはマネジメントとはいわない。結果的に日本人は本来、能力を持ちながら、自分を過小評価している。

V 人間のラチュードの大きさ

平均的にいうと、3倍働かせても、どうということはないわけです。従業員300人いるところやったら100人でできる。その方が、その人にとっても活き活きとするわけなんで。一人分の生産性といいますが、やり方によっては、もっともっと日本は生産性が上がると思います。別に少子高齢化であってもいいじゃないですか。若い人もちゃんと指導したら働くし、年寄りも55歳や60歳で定年というのはおかしいのであって、75歳くらいまでは普通に働けますから。労働者がこれから余ってくるかもしれませんね、働き手が多すぎるということで。それほど労働力は豊富やと思います。ツルハシ持って穴を掘るという労働は今頃ないわけですからね。

特集1
事業承継学の確立にむけて —事業創造・持続・承継

頭脳労働が主体ですから，歳とってもどうということはない。惚けるまでは大丈夫だと思います。私が今，提案しているのは「櫃まぶし人生」です。名古屋の方はご承知のとおり，上に鰻が乗って，下にご飯があります。はじめ鰻丼で食べる。次に刻んだのをご飯にまぶして食べる。最後にわさびを入れて，熱い番茶をかけて鰻茶漬けにして食べる。原料は全く同じものです。鰻とご飯。そやけど，3つとも，全然，味が違うんです。人生もそうあるべきだと思います。20歳から45歳までは櫃まぶしのはじめの丼状態，45歳から65歳までは混ぜ丼。65歳から80歳までは鰻茶漬け。原料は全く同じなのに味が全然違う。同じ原料で3回味わえる。こういう人生をつくりあげていったらいいと思う。きっと楽しいですよ。

うちの組合も保守的でしてね，昭和45年から47年にかけて，完全週休2日制をやったんですが，その時，組合は，土曜日半ドンをやめて完全週休2日制というと，賃金の大幅ベースアップをいうてきたんです。「土曜日全休するのに，まだそのうえ大幅ベースアップはなんでや？」と聞くと，「そら，そうですがな。土曜日半ドンやったら精々一晩帰りで旅行に行く。完全週休2日制になったら金曜日の晩から行って，2晩泊まりになり，余計に金が要りますがな」という。説得力あるんですね。なるほど，いう通りや。休みだけやっても小遣いがないと意味がない。家でゴロゴロしていたらロクなことはない。僕も「わかった。4年間で基本給を倍にしよう。そのかわり生産性を3倍に上げろ」といいました。ものの見事に計画は達成したんですね。皆，「万歳」というたけれど，僕は「週休3日制にしよう」といったら，今度は組合の方が「堪忍してください。休み3日にするんだったら，生産性4倍にしろといわれるのをわかっていますから，この辺でおいておきましょう」と返してきた。今は，残念ながら，1カ月に1回だけ週休3日制で，あとは2日制です。

何でも今のままおいておくのではなしに，次から次に出していったら，また人間はそれなりに働くんです。いかに人間のラチュード（寛容度）は大きいか。私が物心がついた時，昭和のはじめ頃はね，1ドル2円やったんです。その時代は，そうです。戦争になって，わけがわからんようになりましたが，戦争に負けて，蓋を開けてみたら固定相場で360円ですね。初めてのアメリカ行き，苦労してビザをとろうとして，ようやくとれたのが1957年。その時，アメリカ旅行は45日がマキシマム，1日12ドルしか割り当てがない。飛行機はラウンドチケットで円払いにできるんですが，アメリカに着いてからは1日12ドルで生活しろという。なんとホテルに泊まって3食で12ドル。国内の移動費も全部入れて12ドルですよ。いったいどうせいと。仕方がないので米兵から闇ドルを買うと，1ドル500円。ということで，実際の相場は1ドル500円やったんですね。ですから私は2円から500円までの変化を経験してるんです。でも，何とかできた。ですので，「ドルが10円，20円下がったからといってガタガタいうな。わしは250倍変わったところでも何とか頑張れた」といいたいわけです。

もちろんそれから500円が額面通りの360円になり，300円になり，さらに250円になった時，うちの経理担当は「200円になったら首吊って死なんならん」という。でも，200円になっても，首吊りよらへん。そのうち100円になったんです。それでも皆，生きている。79円になりました。これでほんまに死ぬのかと思うたら，すぐに120円になったんですね。79円でも生きていたんやから120円になったら，どんなに儲かるかと思ったら，あまり儲からない。これはなぜかというと，このレベルだったらこの辺で生活する，こうなったらこうなる，常にその状態で食っていけるような能力を人間は持っているわけです。

ラチュードが大きいというのは，すばらしいことなんです。人間は地球上における生物のトップです。あらゆる生物のトップに人間がいる。これはなぜか。多くの人は，人間が他の生物に比べて頭が良いからと考えていると思いますが，もっとすごいことは，人間の肉体的な強さです。戦事中，石炭を得るのに地下1kmまで掘っていました。この前も南米で700mまで掘っていましたね。トレーニングは要りますが，エベレストの上，9000mまで無酸素で行きます。上下10km，人間は何もせずとも生きているわけです。ほとんどの動

物は到底生きられない。犬や猫は生きられない。ジャコウ鹿は天然でなく養殖で飼おうと思って，下まで下ろすと全部死んでしまう。ラチュードが小さいんです。−50℃でも＋50℃でも生きているし，私も経験しましたが，戦時中1000kcalくらいしか食ってない時がたくさんあった。食うものがなかったからですが・・・。最近の若い連中は，焼き肉を食べて，焼酎を飲んで，ウィスキーを飲んでワーワー騒いで，計算してみたら5000kcalくらい摂っている。1000kcalでも生きてきたし，5000kcalでも生きている。犬にドッグフードを5倍食わせたら必ず死にますよ。人間はめちゃ強いんですよ。それが人間の特徴なので精神的にも強いけれども，肉体的にも強いということを忘れてはいけない。余談ですが，ゴキブリにはちょっと負けるんですね。クワムシ，これはすごいんです。液体窒素の−200℃くらいから＋250℃まで生きている。これは特別ですが，せいぜい2mmほどの虫ですから，これが世界を席巻することはまずありえません。当分の間，人間が地球を制覇しつづけるのではないかと思います。人間というのは本当に強いので，強いということを認識して，もっと自分の強さを外へ出さんと，せっかくこれだけの機能を持っていることを知らずに死んでしまうのはもったいないと思うわけです。

VI 「自今生涯」で生きる

数年前にある新聞記者と話をした時に今のような話をしました。数日後，新聞の小さなコラム欄に「堀場はまさに『自今生涯』で生きている代表的な人間」と書いてありました。実は，「自今生涯」という四字熟語をお恥ずかしいことにそれまで知らなかったんですね。どこかで聞いたことがあるような感じでしたが，よくわからない。字引を引くと，あるんです。インターネットにもある。今，自分がいるのは，もちろん自分の努力の賜物であるが，しかし生物学的にいうたら，必ずお父さん，お母さんがいる。お父さん，お母さんにはおじいさん，おばあさんが，おじいさん，おばあさんには，ひいじいさん，ひいばあさんがいる。必ず先祖からの遺伝子を持っている。そういう遺伝子のもとに生きているということが一つ。それを自覚せよということ。

もう一つは，1秒前に戻ることはできない。1秒先のことも，本当はわからない。人間が動いているのは，今この瞬間だけなんだと。それ以外は何も保障はない。下がることもできない。何の保障もない。SF映画だったらタイムマシーンでビューッと行って，先住民が出てきたり，西部劇があったり，チャンバラがあったりしますけど，これはフィクションですから。1秒後にも戻れない。1秒先もわからない。だから大事なのは，今この瞬間だけということ。何をするにしても，今，この瞬間しかない，何の保障もない。あなたという人間は何の保障もないんですよ，ということですね。

私は，それをみてピンときたのが禁煙なんです。私が"瞬間的"に禁煙したのは今から40数年前。第二日赤病院に肺をみるファイバースコープが輸入されまして，たまたまそこの医者が友達で，「こんなおもろいものが入ったので，お前の肺をみてやろう」というので，みてもらったんです。テレビに写るのではなく，ファイバースコープを目でみるんです。みせてもらうと肺のところにタールがぶら下がっていた。それをみて「こら，かなん」と思いました。肺がんになるという話ではなく，タバコを吸ってない人の肺と比べると汚ないんですね。その瞬間にタバコをやめたんです。その後，回りに禁煙したいとうい人がたくさんいまして，「堀場さん，どないして禁煙したんや」と聞いてくる。僕は「ファイバースコープをみて嫌になった」という。「次の誕生日からやめよう」とか「正月からやめよう」というから，「それはあかん。やめるなら今，この瞬間や。この瞬間にやめなかったら同じこっちゃ」といいます。

その頃，一個3万円とか5万円もする金のライターが流行っていまして，これがかっこいいんです。「ほんまにやめるのか？」と聞くと，「やめる」という。「ライターみせてみい」といって，取り上げて，木屋町の高瀬川にパーンとほったるんですよ。それで20何人か，私，タバコをやめさせました（笑）。もう一つ殺し文句があるんです。中小企業の社長に，「お前，経営者やろ。自分で言い出した禁煙を守れんようでは，従業員

にとやかくいうたって，誰もいうことを聞かん。『もういっぺんタバコを吸ったら社長をやめます』と一筆書け」といいます。これはよく効きましたね。とにかくこの瞬間しか人間というのは頼りにならない。

VII 未来は自らつくりあげるもの

アラン・ケイというアメリカ人がいます。パーソナル・コンピュータのコンセプトを1970年代当初に発表した男です。コンピュータというと，こんな大きい，真空管が並んで，今のパソコンの能力の5分の1，10分の1程度だった時代に，アラン・ケイという20歳代の男が「今世紀末には一人一人が簡単に持って歩けるようなコンピュータの時代が来る」といってのけました。「あの若造，アホとちがうか」と皆からバカにされました。しかし，1990年代半ばにパソコンが誕生すると，俄然，アラン・ケイは人気者になりまして，マスコミが殺到した。「あなたは，すごい！ これだけ変遷のすごいコンピュータの時代にあって，20年先の予想をつけた。すごい男です」という。そして，「ところで2020年には世の中はどうなっていますか？」と聞いた。そこで，アラン・ケイは何と答えたか。「そんなのわかるかいな」。もちろん，英語でいうたんですよ，京都弁ではなく（笑）。「では，なんであの時に世紀末にパーソナルコンピュータができるといったんですか？」と聞くと，彼は何と答えたか。「未来というものは予測するものではない。未来というのは，あくまで自分が努力をしてつくりあげていくものだ」といったそうです。これはすばらしい言葉だと思います。未来というものは予想するものではない。現実できない。未来というのは自らつくりあげるものだ。

「私の将来，どうなりますやろ？」と聞いてくる人がいるんです。わかりませんわね。「うちの会社，大丈夫ですか？」，わかりませんわ。「日本の国，どうなるんでっしゃろ？」，わかりませんわ。未来というのは自分自身が，こういう人間になろう，自分の会社をこうしよう，自分の国をこんな国にしようということを，その人が目的をしっかり持って邁進することによって，未来というものがつくりあげられていく。アラン・ケイの考え方のベースにも「自今生涯」の考え方があるような気がしまして「自今生涯」とアラン・ケイの言葉はすばらしいものだと常に思っております。

VIII 「おもしろ，おかしく」を次世代へ

事業承継というのは何かについて申しますと，まったく関係ないと思われるかもしれませんが，それは凡人の浅ましさで，私の基本というのは，どんなことも，自分が幸福になれるかどうかを考えて決断すべきだと思うんです。自分が幸福になるということは，利己主義的に聞こえるかもしれないですが，人を不幸にさせて自分が幸福になるというのとは違うんですよ。自分が幸福になれば，必ず回りの人も幸福になるんです。自分が不幸になればなるほど，周りの人が幸福になるという間柄は最悪なんですね。自分が幸福になったら周りの人が不幸になる。そうじゃない。正常な状態は，ある人が幸福になれば隣の人も幸福になる。まずすばらしい我々の生命を大切にし，大事なことは自分がまず幸福になって，「この世に生を受けてよかったな」と思うことが幸福なんですよね。そして，周りの人も幸福になってほしいということで，周りの人も幸福になる。事業承継も同じことで，自分が次に渡したい人に渡すことによって，自分も幸福になり，渡した人も周りにいる人々も幸福になるだろうということをしっかり思ってもらわないといかん。受ける方も渡してくれた人も幸福になる。こういうメジャーがなければ，ただあなたがこういう立場だから渡しますということだけでは，うまくいかない。

さらにいいますと，私どもの会社の社是は「おもしろ，おかしく」です。なぜそういう社是をつくったか。仕事は面白くなかったら絶対だめなんです。面白く仕事をした時は必ず成功しますが，いやいやながらした仕事はほとんど成功していない。仕事というのは，「おもしろ，おかしく」しないといけない。「おもしろ，おかしく」できるような仕掛けをしないといけないし，「おもしろ，おかしく」なるような状態に持っていかないといけない。それは経営者も働く人も一緒になってや

自今生涯
堀場雅夫（株式会社堀場製作所最高顧問）

らないといけない。いやいやながらやって成功した試しはないので，いやなものはやってはいけない。ただ日本の習慣で困るのは仕事を頼んで，やってくれたら「ご苦労さんでした」という。そんな苦労もかけてへんのに，なんで「ご苦労さんでした」というのか。何かいうと，「お疲れさま」という。会社に帰ったら受付の女の子が「お疲れさまでした」という。「疲れてへんわ」（笑）。上にあがったら秘書が「ご苦労さまでした」という。「苦労なんかしてない」（笑）。疲れんといかんのか，仕事は！　そんなバカなことがあるかと思いますね。最近は一計で，会社に帰ると，「お疲れさまでした」に対して「疲れたわ」と答え，「ご苦労さまでした」に対して「苦労したわ」と答える。すると，うちの子も，「あの歳になってよう働らかはる」と思われている（笑）。

　そういうことで，仕事は疲れんといかんということではだめなんです。仕事をすればするほど，活き活きしてきて，もっと行こうかというようなことでなかったら，うまくいかない。「うちの会社は社是でせっかくそういうとるのに，受付の女の子が，なぜ『ご苦労さま』というんや」と人事の担当役員に怒ったら，「あれは単なるお愛想の言葉ですから，気にしないでください」という。「そら気にする。もっと『よかったですか？　面白かったですか？』といえ」といいますと，「そんなことをお客さんの前でいうたら，この会社は変な会社やと思われ，注文もらえませんわ」と答える。それで，しょうがないなということになっているんですが，やはり仕事は面白くないといかんと思います。

　事業承継も面白い承継をしなかったら何の意味もないというのが私の結論なんですが，ちょっと無理な結論をつけました。このへんで時間です，ご静聴ありがとうございました。

温故知新

林廣茂（西安交通大学客員教授／元同志社大学教授）

I　幻の三中井百貨店の歴史に学ぶ

堀場顧問のすばらしいお話の後で，ちょっと硬い話ですが，「温故知新」というタイトルで，ある消滅してしまった百貨店の物語を中心に，事業承継の失敗ケースについてお話します。対象にしますのは三中井百貨店です。ほとんどの方はご存じないと思いますが，日本の敗戦まで，当時の朝鮮，満州，中国に巨大な百貨店網を築いた会社です。朝鮮に12店，満州に4店，中国に3店。これが敗戦と同時に崩壊して，日本に引き揚げてから2～3年以内に消滅した歴史事実があります。

この三中井百貨店の歴史研究は私のオリジナルではなくて，もともとこの百貨店の興亡の歴史を研究されたのは末永國紀教授で，教授が2冊の本で三中井百貨店を取りあげています。1997年の『近江商人経営史論』（有斐閣）と，2000年の『近江商人』（中央公論新社）です。

私はこの2冊のご著書を読ませていただいて，大きなショックを受けました。稲妻に突き刺されるような衝撃を受けました。私は朝鮮生まれで引き揚げてきました。1976年から韓国に渡り，韓国企業のコンサルティングをやっていました。ずっと韓国人とつきあっていましたが，その私がこの百貨店の存在を知らなかった。これはよくない，勉強しないといけないと思い，調べているうちに，私は，末永教授と違う角度から，つまり当時の朝鮮に足場をおいて三中井物語を書けるはずだと思いました。それで，2004年に『幻の三中井百貨店─朝鮮を席巻した近江商人・百貨店王の興亡』という本を出版いたしました。

2005年に第1期の日韓歴史共同研究に呼ばれまして，三中井百貨店の事例を中心に，当時なぜ日本の百貨店が朝鮮で隆盛したのかについて，朝鮮と朝鮮人の日本と日本人適応化という時代背景を中心に，論文を書きました。日韓両国語で報告書に収録されています。韓国の研究者から厳しい批判を受けました。批判には反論をしました。その後，本の方が2007年に韓国語に翻訳されて，朝鮮日報など韓国の代表的な新聞からかなりの批判を受けました。しかし新聞からは反論する機会が与えられませんでしたから，いわれっぱなしです。

この本の中で私がいおうとしたことは二つあります。まず，日本の企業が朝鮮に行って，そこである時期に成功を収めながら，敗戦後に日本に引き揚げ，再建・復興した企業が多い中で，三中井百貨店を一つの例として消滅してしまった企業も存在する。この企業消滅の理由を何とか探りたい。事実に学んで普遍化する，なぜそうなのかを普遍化してみたいということ，それが一つです。

もう一つは，その時代になぜ大規模な百貨店が5つも京城（現在のソウル）に存在し得たのか。1940（昭和15）年前後の京城の人口は100万人，うち日本人人口は16万人だけです。その中に5つの百貨店があった。4つが日本人による経営で，残りの1つが朝鮮人による経営でした。私は調べるなかで「おかしい」と思い始めました。

韓国の文献では，日本人経営の百貨店には朝鮮人は行けなくて，百貨店はすべて日本人のものであったと書いてありました。おかしいじゃないか。5つの百貨店のうち4つが日本人経営で，すべて大成功して

温故知新

林廣茂（西安交通大学客員教授／元同志社大学教授）

いる。売上がどんどん上がっている。わずか16万人の日本人だけが支えているはずがない。なぜ5つの百貨店が当時の京城，今の京都市よりも小さいところで存続しえたのか。やはり大衆消費社会が存在しなければ百貨店，小売業は存在しないわけですので，相当豊かな暮らしが当時の朝鮮に，朝鮮人社会に，あったはずだという仮説を立てて検証していくという作業をやりました。

今日は一つ目の方，なぜ三中井百貨店が消滅してしまったのかというところに焦点を絞って話をさせていただこうと思っています。

今回の大会の基本的なテーマでもありますが，過去に学んで，何か将来に役に立つような普遍的な事業承継の成功，失敗のヒントを得ようというのが私の視点です。堀場さんは将来を実現するためにそこに向けて今日の投資決定をする，リスクマネジメントをする，そうでないと人生楽しくないじゃないか，と仰る。まさにその通りで，「企業の明日のために，今日リスクを取って決める」ことがない経営学者にはできない経営者の仕事だと思います。経営と経営学は違うと思いますが，偉い経営学者で経営者として成功した人はほとんどいませんが，成功した経営者で偉い経営学者になられた方が多い。今日，私は経営学の立場で，この問題に取り組んでみたいと思います。

II 三中井百貨店の朝鮮進出の経緯

1905（明治38）年1月，三中井百貨店の前身は「三中井商店」という屋号で，朝鮮の大邱（テグ）で小間物屋としてスタートしました。創業者は，現在の滋賀県東近江市五個荘町の金堂の出身ですが，そこの商店「中井屋」をたたんで朝鮮にわたったのです。その年の3月，日露戦争が終わっています。三中井は，日露戦争が終わる前に大邱に行った。

大邱は現在も韓国の内陸部の大都市ですが，そこを足場にしつつ呉服屋に転換した。やはり京城に行かないといけないとういことで京城に進出し，呉服店から百貨店に変わる。百貨店に進化して朝鮮，満州，中国に最大の百貨店を築いています。当時勤務していた人たちの推計によると，現在価格でいえば最盛期で約5000億円の年商だったとのことです。しかし，三中井百貨店は敗戦とともに崩壊して消滅する。日本で再建されませんでした。「幻の三中井百貨店」という言葉は末永教授の言葉を拝借しています。

地図では朝鮮半島と満州国（現・中国東北部）に，三中井の井桁マークがついています。朝鮮全土に支店を築いていた。

創業者は滋賀県・金堂で「中井屋」を商っていた四兄弟，長男の三代目・中江勝治郎，次男の西村久次郎，三男の中江富十郎，五男の中江準五郎。次男は西村家に養子に出ていました。四男は早く死んでおります。中江家は17世紀中葉から続いた近江商人。先祖は「織田信長である」と家伝にはあります。中江姓は，「近江の中心部」の出身であることにちなんだといわれる。

当時，京城にはすでに日本から三越や丁子屋，平田屋といった店が進出し，商売をやっていた。そこで一番有利だったのは三越です。1906年に伊藤博文が，初代朝鮮統監ですが，彼が三越の専務を口説いて朝鮮に来させました。「朝鮮総督府や朝鮮王朝への納入を任せる」という約束をもらって，三越呉服店が当時の京城に来た。朝鮮の百貨店ビジネスの実質的スタートになっています。

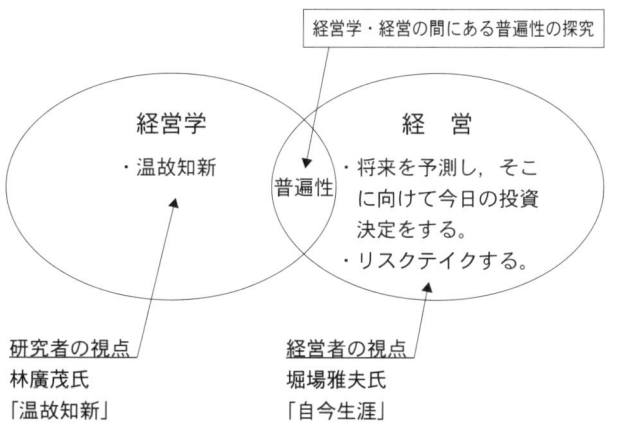

事業承継学会全国大会
基調講演のコンセプト

研究者の視点と，経営者の視点から見た事業承継の探究

三中井百貨店網

温故知新

林廣茂（西安交通大学客員教授／元同志社大学教授）

久次郎

勝治郎

準五郎

富十郎

　その後，改名した「三中井呉服店」も大邱から京城に移ってきます（1912年）。立地は，京城第一の日本人商店街・本町通りです。三中井呉服店の正面の反対側には三越呉服店があり，強力なライバルでありました。三越は朝鮮総督府，朝鮮派遣軍などお上への納入が強く，店舗は京城一店舗のみでした。それに対して，後発の三中井は，それ以外のビジネスを開拓せざるをえなかったということもあって，京城以外にも地方に店を出して支店網をつくりあげて，三越を包囲しようという作戦で発展していきました。

　百貨店は，もともとは呉服店からの出身が多いですが，呉服店が百貨店に移行するのは大正期です。1914（大正3）年に，東京で三越呉服店が株式会社三越百貨店になります。2年後の1916（大正5）年には，三越百貨店京城出張所として，三越が三中井呉服店の真正面に3階建ての大きなビルを建てる。それに刺激されまして，丁子屋や平田百貨店，そして，朴興植が経営する和信百貨店が次々に開店します。

　その中で三中井の百貨店化は遅れましたが，一念発起して長男の勝治郎が関東大震災の翌年，1924（大正13）年，3カ月間に及ぶアメリカ横断の視察旅行に出ます。真夏でした。当時は冷暖房もない汽車で，和服をきちんと着て移動するわけで，汗かきの勝治郎には大変な難行でした。横断旅行をして，さまざまな百貨店ビジネスの知見を得，本格的な百貨店化に着手するわけです。1933（昭和8）年，他の百貨店に比べて10年近くも遅れましたが，三越に対抗して，地上6階建て地下1階の巨大な百貨店をつくりあげます。三中井百貨店京城本店です。同年に，満州・新京店開店，平壌店と大邱店の新装開店，もしています。三中井の急成長期でした。その間に三越は別の場所に移転しました。

　昭和10年代は，5つの百貨店が京城に乱立し，激しい競争を繰り広げていた。昭和の初頭は景気が悪く，金融恐慌が朝鮮半島も襲っているわけですが，1932（昭和7）年の満州国建国が契機になり，朝鮮半島が兵站基地になります。そして，日本の企業がこぞって朝鮮半島に進出します。

　170社近い製造業が，京城や北朝鮮の日本海側にどんどん工場を建てました。製造業が進出して，生産力が増え，雇用が増え，懐が潤っていく。1933（昭和8）年，当時の「京城日報」に「ボーナス景気の百貨店」というタイトルの記事が掲載されています。各百貨店は客の囲い込み競争をしていて，出張売り出しや商品券，値引き，無料仕立て，お客の送り迎えをしていました。

　私は，2004年にソウルに5～6回足を運び，のべ1カ月間くらい滞在し，5大百貨店があったところを歩きまわりました。それで，今でも地図に描けるくらい頭に入っているんですが，調べていくうちに，当時の

事業承継 Journal of Business Succession Vol. 1 / 13

特集1
事業承継学の確立にむけて ―事業創造・持続・承継

朝鮮の百貨店の競争は，まさに今起こっていることと同じだということに気付きました。すごい競争を繰りひろげていて，多分，歴史というのは繰り返すんだなと思いました。現在のソウルでは，日本よりも激しい客の囲い込み競争を展開しているようです。

では，なぜ5つの百貨店が隆盛したか。百貨店の売上記録や顧客リストをみると，三中井の顧客はほとんどが日本人だった。丁子屋と三越の客の60%～70%が朝鮮人だった。和信の顧客はほとんど朝鮮人だった。百貨店ビジネスは朝鮮人顧客に大いに支えられていたのです。そうなんだと納得しました。そうでなけ

京城の五大百貨店

三中井百貨店京城本店（1933年新築後）

（上）：本町通り側

出所：権五琦編（1978）『写真で見る韓国百年（1876～）』東亜日報社。

（下）：昭和通り側

出所：中江寿美所蔵，撮影年不明。

丁子屋百貨店

三中井百貨店

三越百貨店

平田百貨店

和信百貨店

出所：百貨店新聞社編・発行（1939）『日本百貨店総覧』。

れば，5つの百貨店が併存し得るはずがない。これは大きな発見でした。顧客に朝鮮人が多く含まれていたことが，当時日本から進出した百貨店が隆盛した大きな理由の一つであるということがわかってきました。

III 三中井百貨店の競争戦略と組織

売上の推移をみていきますと，三中井京城店の売上は三越京城店の半分以下でありましたが，全朝鮮の売上を入れると，三中井全体ではほとんど三越と肩を並べていました。1店舗では三越に勝てなかったが，多店舗展開をすることで全体として三越に対抗した姿がわかります。三中井は，朝鮮・満州・中国をすべて合わせて，日本人経営の百貨店グループとして最大の売上規模になり，「朝鮮・大陸の百貨店王」といわれました。

三中井百貨店の組織について説明しますと，肝心要の部分は朝鮮全体の前線司令官で，三男の富次郎がそれを担いました。長男の勝治郎は京都の本社で指令をする。百貨店の鍵は仕入れです。三中井は京都の呉服ファッションですべての百貨店に対抗できるくらいの人気がありました。京都仕入部門を仕切っていたのが次男の西村久次郎です。内地の支店，各店長はすべて中江一族が押さえていた。

当時の三中井百貨店は巨大なファミリービジネスでありました。四人兄弟は役割分担をしています。長男・勝治郎は，「商戦士元帥」。すべて軍隊の名前をつけています。社長であると同時に元帥。元帥は全三中井グループの求心力となっています。この人は宗教心の篤い，浄土真宗に敬虔な方で，精神的な支柱になっていた。

実際の前線で「突撃！」といっていたのは，常務で「商戦士中将」・三男の富十郎です。営業の第一線，朝鮮と満州で，総督，派遣軍や関東軍の司令官と昵懇になっていたのが富十郎です。うまく金銭的にバランスをとった最大の責任者が専務の西村久次郎です。「商戦士大将」です。「しぶ久」と呼ばれ，拡大志向の富十郎，精神的支柱の勝治郎の間にあって，拡大も結構だけど，どんな拡大をしても必ず利が得られるような拡大

競争戦略
三中井の業績

	三中井全朝鮮	三中井（京城）	三越（京城）
昭和 5 年	3,177	1,587	2,380
6 年	3,160	1,383	3,287
7 年	2,354	1,239	3,386
8 年	3,003	1,055	─
9 年	4,107	1,500	3,795
10 年	5,693	2,384	4,109
11 年	6,706	2,768	4,744
12 年	7,374	2,856	5,751
13 年	7,759	2,958	7,190
14 年	8,032	（推）3,000	8,917
15 年	10,772	4,564	9,563
16 年			10,003
17 年	─	─	10,705
18 年			11,148
19 年	─	─	10,179
20 年			6,813 (上期のみ)

単位：千円

出所：末永（1997），三越資料編纂室（2003），三中井の売上は一部推定。

三中井は，京城本店だけでは三越京城店には及ばなかったが，全朝鮮の12店を合わせ，朝鮮最大の売上。全三中井が一丸となって三越京城店1店に挑戦した。三越は三中井が果敢に挑戦する最強のライバル。三中井は，朝鮮・満州・中国を全て合わせて，日本人経営の百貨店グループとして最大の売上規模になり，「朝鮮・大陸の百貨店王」といわれた。

をといいつづけた人のようです。

この勝治郎，久次郎，富十郎の三人が一体となって迅速な意思決定をやっていました。時代の流れに乗って経営拡大をしていったようです。

三中井の「憲則」が残っています。第一章の精神では，まず第一条，忠君愛国。三中井を天職と定め，正直を旨として産業報国に邁進せよ。第二条，三中井は一大家族。上の人は人格を高潔に保ち，下の人の尊敬と信頼を受けるようにせよ。下の人は上の人を敬え。第三条，健康を長く保ち，忍耐努力することが勝者になるための不可欠の条件。でなければ非凡な才能も花開かない。第四条，一攫千金は絶対に禁止。質素をむねと

特集 1
事業承継学の確立にむけて ―事業創造・持続・承継

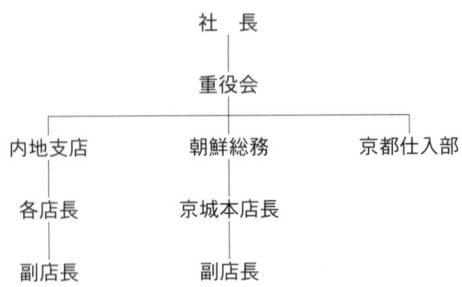

三中井組織図（1928年～1930年）

```
        社　長
          │
        重役会
    ┌─────┼─────┐
  内地支店  朝鮮総務  京都仕入部
    │       │
  各店長  京城本店長
    │       │
  副店長   副店長
```

し，節約貯蓄，勤勉な努力をせよ。第五条，社会の変化に沿い，日々新たなる革新と事業の発展を継続すべし。

こ　れを全社員が毎朝唱和して仕事をするというプラクティスが崩壊する当日まで続いたといわれています。このように当時の忠君愛国の他に家族主義，人格，尊敬，忍耐，努力，一攫千金ではなくステップ・バイ・ステップ。そういう精神を体現してビジネスをやっていました。崩壊しますと，後継者たちが，あろうことか，この精神をすべて放棄してしまうという悲劇が起こるわけです。

競　争戦略の一つのポイントは御用商人化です。三越は総督府をはじめ，満州国もそうですが，軍関係への納入が大きなビジネスの柱となっていました。最初からお上の支援がある。それ以外のポッと出の三中井や丁子屋は，一生懸命に総督府や朝鮮軍の幹部と仲良くして便宜を受けて事業を拡大することが必要となったわけです。

宇　垣一成と南次郎，この二人との親交が三中井の飛躍のスプリング・ボードになったと考えられます。まず宇垣一成です。陸軍大臣から第6代朝鮮総督（1931～36年）になりました。三中井は宇垣総督時に，三中井百貨店京城本店を竣工し，総督府への納入を拡大しました。宇垣はその後，外務大臣に。敗戦時は拓殖大学総長でした。

南　次郎は，朝鮮軍司令官（1929～31年），陸軍大臣を経て関東軍司令官兼満州国日本国全権大使（1934～36年），第7代朝鮮総督（1936～42年）を歴任。敗戦時は貴族院議員。朝鮮・満州に強い影響力を持っていました。三中井は満州への進出，朝鮮・満州での事業拡大などに，南から便宜を図ってもらったと推察されます。

三　中井のビジネス上の優位性は三つあります。まず呉服中心主義。当時，呉服は京都ファッションが中心でしたから，京都ファッションを押さえていた三中井が優位でした。

第　一に，仕入れです。呉服（反物）は京都，日用雑貨と食品は大阪，電気機器と洋服は東京で，それぞれで一括仕入れを行ない，規模の経済性による高収益を実現していました。とくに利益が大きかったのは呉服で，呉服は反物を一括仕入れで，朝鮮に運ぶ。自分のところで仕立てて付加価値を付けて売る。そして，朝鮮・満州の呉服屋さんに反物を卸して利益をだす。

第　三に，当時としては画期的なことですが，無線を使えたということ。京都本社と京城本店，満州の新京店を結んで，スピーディな情報を入れて経営の意思決定を行なっていた。これも実は軍関係とのつながりの強さにより可能になった。他の百貨店にはできなかったマネジメントだそうですので，これは大変な武器になったと考えられます。

宇垣一成（1868－1956）。陸軍大将（25），朝鮮総督臨時代理（27年4-10月），陸軍大臣（31）。第6代朝鮮総督（31-36）。外務大臣（38）。敗戦時拓殖大学総長。

南　次郎（1874－1955）。陸軍大将（30），朝鮮軍司令官（29-31），陸軍大臣（31-34）。関東軍司令官兼満州国日本国大使（34-36）。第7代朝鮮総督（36-42）。敗戦時貴族院議員。

温故知新

林廣茂（西安交通大学客員教授／元同志社大学教授）

Ⅳ　三中井百貨店の崩壊と消滅

第一世代では，長男・勝治郎（三代目），次男・久次郎，三男・富十郎，五男・準五郎が経営に参加しました。第二世代では，四代目勝治郎（三代目勝治郎養子），悌一（三代目勝治郎養子），慶一（久次郎実子），孝一（富十郎実子），章浩（富十郎婿養子），政次（準五郎養子）が後を引き継ぐことになっておりました。

1937（昭和12）年に準五郎，翌1938年には富十郎が相次いで亡くなります。1939年，三代目勝治郎が社長職を四代目勝治郎に譲ります。そして，1944年と1945年，三代目勝治郎と久次郎も相次いで亡くなります。そして，敗戦となり，朝鮮，満州，中国の事業基盤をすべて失います。強制接収です。日本人住民が引き揚げて，日本人社会が崩壊した。三中井の社員も生き延びて数百人が日本に戻った。大多数は滋賀県や京都に戻ってきました。

では，朝鮮での三中井百貨店の最後はどのようだったか。1945年敗戦後の京城は，日本人は危なくて町の中を歩けない状態でした。三中井百貨店でも朝鮮人社員が組織をつくって出ていけということになりました。このようなことが朝鮮全土で起きます。

そんな中で，三越京城店は立派でした。朝鮮人の退去要求に応じなかったのです。死を覚悟して対決したと記録にあります。退去する理由がないと突っぱねました。とうとうアメリカ軍が出てきて強制接収する時も，目録をつくって，強制接収されるものを記録して接収財産目録をつくり，それを示してハンコをつけと迫りました。当時の支店長が連合軍からハンコを取ったのです。ところが三中井は追い出され，目録もない。三越の当時の支店長はそういうことをやって，1945年12月に日本に引き揚げてきた。1946年には三越本店長に抜擢され，その後，三越の社長にもなりました。

では，なぜ三中井百貨店は朝鮮・満州で崩壊した後，日本で消滅してしまったのか。崩壊するのは物理的に敗戦ということがあります。しかし，多くの企業は日本に引き揚げて再建を果たしました。なぜ三中井が再建できなかったのかということが私の今日の課題です。

実は敗戦以前に敗戦することは，軍隊と近いわけですから，経営幹部はとっくにわかっていたはずです。以前から，現在の京都駅前のヨドバシカメラがあるところ（以前は近鉄百貨店）を日本の本店にしてくれと申し込まれていた。下関からも百貨店経営の協力依頼があった。戦後には社員の間から四条大宮の角地に三中井百貨店を再興したらどうかという話もあった。それらのオファーに対して社長の四代目勝治郎は，朝鮮，満州，中国の拡大の方が重要だとすべて断ったということが証言の中で出てきました。戦後の四条大宮の話には耳も貸しませんでした。

それでいて四代目は，金堂の本家の資産を売り飛ばして，祇園などで遊興にふけっていたと聞きます。これもかなりの証言があるのでウソではないと思います。再建する意思はなかったようであります。再建してほしいと思った当時の幹部，社員たちが強く首脳部を動かせなかったこともさることながら，四代目に事業承継の意欲が欠けていたということが浮かびあがってきました。

創業者の四兄弟は仲が良かった。一致団結でやってきた。第二世代は，あちらこちらの店長として，ばらばらに外地にいた。朝鮮，満州，中国に派遣されて一緒に仕事をしたことがないということも一つの理由かもしれませんが，心理的にも疎遠だった。いとこ同士が対抗意識をもっていた。

第一世代の時代に，巨大な同族経営で，家族以外から立派な経営幹部になるような番頭さんを一人も養成していなかったということも事実なんです。つまり組織的，合理的な経営に進化していなかった。四人がすべての意思決定を握っていたことが一つの大きな理由です。

「近江商人性」の消滅ともいえると思います。創業者は，高い宗教的倫理性（「三中井憲則」），「利ハ余沢」という魂，従業員は家族という基本的な精神を持っていた。しかも自分たちはマージナルな小商人の出身です。中江家は農業を兼業した小さな日用雑貨屋

事業承継 Journal of Business Succession Vol.1 / 17

特集1
事業承継学の確立にむけて —事業創造・持続・承継

の出身ですが，四兄弟が朝鮮・大陸でナンバー1になるために，すごい上昇志向性，広域性，革新性を駆使して，団結してひたむきにやってきた。この強い同族意識は彼らには有利に働いていたが，逆にいうと若手の後継者，幹部経営者である番頭を養成するのを怠っていたということでもあります。

一族のその後について触れますと，四代目勝治郎は，三中井百貨店消滅後，鞍馬山の奥で養鶏場を営むも失敗し，47歳で死去されています。残されたお嬢さんたちは存命です。この本を出してから何度か手紙のやりとりをしておりますが，お嬢さんの一人は「父は遊興にふけったわけではなく，社員400人を何とか面倒をみたいと思っていたが，それができなかった。そういう見方はしないでください」と仰っていました。「でも，株に投資して大失敗し，金堂の本家の家やすべての資産を失ったわけですが，社員は株で儲けて，その金がほしかったのではなく，会社を再建してもらって，それに自分たちが参加したいというのが望みだったはずです」という返事を差し上げた記憶があります。

中江悌一は戦後，金堂で何をやっても失敗続きで，彦根で煎餅屋さん，お菓子屋さんをやり，最後の最後に洋菓子をやって成功し，現在は長男の進さんが彦根のキャッスルロードで「三中井」の屋号で経営されています。この洋菓子屋さんは結構有名であります。

中江準五郎の家は現在，近江商人の博物館として公開されています。中江富十郎の家は東近江市がリノベイトして一般公開されています。西村久次郎の家はそのまま今でも残っております。西村慶一が東京カリント（株）を創業して成功しています。勝治郎の本宅，今でも滋賀県一の日本建築だと思いますが，人手に渡って近江織物の社長の一家が住んでいます。

三中井百貨店が消滅した背景をこういう形でまとめさせていただきましたが，実は百貨店だけではなく，すべての産業で，当時，日本企業が当時の朝鮮に残したタネがいろんな形で芽生えて，今の日韓の経済交流につながっていると思います。百貨店だけをみますと，日本的な百貨店経営の良さ，有用性は戦後の韓国人経営者たちもよくわかっていまして，戦後の韓国の百貨店の立ち上げにおいて日本企業が大きく貢献している。ゼロからすべて手取り足取り指導したと関係者から聞いております。1979年のロッテ百貨店の開店は高島屋が，1982年の新世界百貨店の開店は三越が，1984年の現代百貨店の開店は大丸が全面的に協力しています。しかも新世界百貨店の建物は，当時の三越京城店の建物を使っています。現代の韓国の三大百貨店の開店はどれも，日本の百貨店の協力のもとで実現されたものなのです。

panel discussion
パネルディスカッション

パネリスト
堀場　雅夫（株式会社堀場製作所最高顧問）
林　　廣茂（西安交通大学客員教授／元同志社大学教授）
辻　　　理（サムコ株式会社代表取締役社長）
田中　準一（京都府商工労働観光部副部長）

司会
中田　喜文（同志社大学教授）

中田 お二人の少し違う方向からの，非常に含蓄のある事業承継のお話を伺いました。パネルでは事業承継について，まずは事業承継をご体験されている堀場最高顧問と辻社長から事業承継について，どのようにお考えか，何を後に残したいと思われたか，それをどんなふうになさったのか，ご体験からお話を伺わせていただけないかと思います。パーソナルなこともあると思いますので，可能な範囲で，具体的なお話を伺い，それを学者，行政の立場から，どのようにサポートするか，京都，日本全体に関して，事業承継をスムーズにできるような環境について議論ができればと思います。

辻 多分，私が事業承継を少し真剣に考えたのは，経済同友会で数年前に事業承継の研究委員会を立ち上げまして，2年あまり，いろんな視点から，人の問題，後継者，何といっても個人的には相続，贈与という税の問題，事業をやめて会社を売却してしまおうかというM&Aの話とか，その場合には当然のことながら株価の評価をどうするかとか，さまざまな，極めて具体的な議論をした経験があります。

私の会社は30年ほど前にガレージで創業しました。いろんな場面で「子どもの頃から起業を考えていたのではないか？」といわれるんですが，極めて偶然に事業を始めて，描いた事業計画通りには進まず，行き当たりばったりの感じでやってきました。幸い株式の上場もできましたし，海外展開もできました。取り越し苦労し

panel discussion

ないのが私の唯一の取り柄です。堀場さんが仰った「お疲れさん」ではありませんが、「ベンチャー大変でしょう？」とよくいわれます。全然"しんどい"なんて思ったこともありません。創業時、銀行にお金を借りに行ったら、さんざん厭味をいわれ、厭味だけではなく、「貸さない」といわれましたが、それでも別に苦労ではない。当たり前のことで、銀行には良いことをいうてもろうたなと思っています。

会社の寿命は30年ですから、大体寿命かなと思っています。しかし、30年過ぎても潰れずうまくいっている成功事例も多々あります。ただし、一工夫は要るやろうなと考えています。「我々は薄膜技術で世界の産業に貢献する」というかっこいいミッション、経営理念を持っているんです。これを守り育て拡大してく人間に継いでもらいたい。「私はこんなことをやりたい」と勝手なことをいわれると困ります。それから、20年前に行動指針を考えまして、シンプルに「勇気、創造、勤勉」としています。京都の会社は創造性がありますが、それに加えて、勤勉でないとあかんと思うんですね。ずっと会社におれというわけではない。仕事の中に入って、ちょっと閃くということが必要かなと思います。その中で失敗してもあまりくよくよせず、どんどんチャレンジしていくことが大切。もともとゼロからですから、いつ何時、すべて失っても元々という、極めて割り切った考えです。

事業を継承していく中で、人の問題と税の問題、特に税制改革がいわれていますが、国は冷たいですね。片方でベンチャー、ITをやれといいつつ、最後に相続税でしっかりと回収するというのは何事やといいたいですね。これから学会を通じて、少し発言を強化していかないと、入口だけで出口がないという税制であってはいかんなという気がしますね。

中田 ありがとうございました。続きまして今年7月、堀場厚社長に京都の研究会でお話を伺いまして、その時、自分は経営者の立場で、お父様は科学者の立場であると仰っていました。一方的に聞いてはいかんなということで、今日は、良い機会ですので、ぜひお父様からみられた息子さんについて、事業承継について、どのようなご努力をされたかを私どもにも教えていただきたいと思います。

堀場 若い時、仕事を始めた頃は事業承継なんて、全然考えていないんですが、だんだん年季が入ってくると、この企業をどうするかということは、当然、経営者は考えるわけですが、一番かっこいいのは一代限りですね。同じ人間でも一回性なのに、自分の息子とか娘とかいうことではなく、美学的にいえば一代限りが理想やと思いますね。実際にええなと思ったのは東京の好きな寿司屋の話です。そこは主人とお手伝いのおばさんと二人なんですね。しかしすごい人気がある店で「歳やし、跡継ぎを考えたら」というと「ワシみたいな技術を他の人間ができるようになるとは思えない。ええ加減なものが継いだら名前がすたるから、ワシ一代や」という。「そういうけど、なんか考えたら」といっていたら、ある日突然、手紙が来て「これでやめました。さっぱり店は閉じた」という内容の手紙でした。かっこええなと思ってね。それに対して自分は、ちょっとあかんかったなと思います。私は、息子には一度も「継いでくれ」といったことはない。私は、血縁的に何の関係もない、京大の後輩である人間を二代目社長に指名しました。その時に今の三代目社長である長男は、アメリカに行って、向こうの大学の3年に編入し、食うためにアメリカの会社に籍を入れてサービスマンをやっていました。向こうの先生にも「残れ」といわれて、本人も「大学に残る」というてたんですが、アメリカの会社にいると、日本の会社がいかにだらしないか、クレーム

を出すと「それはお前の使い方が悪い」とか，故障したら「サービスの仕方が悪いから故障するんだ」とか全部責任を押しつけて，けしからんということで，毎日のように電話をかけて「そんなにいうなら，日本に帰ってきて自分がおかしいと思うことをやれ」といいました。そしたら日本に帰ってきて，サービスのところで，こんなことではいかんという。サービスがいかんのではなく，これはもともとの設計が悪いからこうなるんだという。設計の方に行くと，設計は良いのやけど，品質管理が悪いという。原理的に悪いからと開発のところに行って，最後は海外との間の流通をやっている営業部隊が悪いという。一回りして全部悪いからということで「そんなら勝手にやれよ」ということになった。二代目社長も，60歳を過ぎた頃，「現場も知ってるし，問題意識があるんで，息子を社長にしたらどうか」という。「あんたが推薦するなら，あんたが責任を持って社長にしてくれ」といいました。

はじめてアメリカに行ったのは1958年ですが，その時にアメリカをぐるっと回って，大した規模がない，中堅企業に近い中小企業の会社を訪問した時，親父さんが60歳を過ぎた人で「あなたの後をどうする？」という話をしていたら「息子が二人おる，一人は音楽が好きなので音楽へ。一人は勉強が好きで大学に残って研究者になりたい」という。「どうするのん？」と聞くと，「経営のうまくやるやつを探してそれに経営をさせる」という。「あなたがつくった会社やのに，もったいないと思わないか？」と聞くと，「いやいや，別に問題はない。もし音楽をやっているやつを強引に社長にしたら，この会社はだめになる。わしの財産はこの会社の株だから会社がだめになったら，わしが困る。ちゃんとうまくいかないといかん。本人もかわいそうや。学者の方も商売に向いてないのに経営されたら従業員も私も困る。能力がないから。株を息子にも分けてあるので，会社がよくなったら配当でハッピーだ。自分も老後は暮らせる。

良い経営者を迎えて経営をさせる。息子なんか全然アテにしていない」という。そんなもんかなと思って帰ってきたんですが，それから何十年かたって，その人の考え方が頭にありまして，嫌やのに経営をさせるのは会社も困る，お客も株主も困る，従業員も困るので，良い経営者やったらそれにさせるのが一番大事やなと考えています。

53歳の時に会長になったんですが，私は20歳から仕事をやっていたものですから，33年間社長職に就いていました。「33年もやってできないことが，34年目にできるはずがない。あとは好きなことをしたい」と，そこで社長をやめたんですが，私が社長だった頃，番頭さん的な人がいましてね，その中の一人を社長にしましたが，その人がいじめに遭うのではないかと心配でした。そういうところは，よく考えてあげないといけないと思います。誰かを抜擢した場合は考えないといけない。私は創業者なので，会社の中では一番えらいんですね。何かあると相談に来る。そうすると社長にいわずに，会長にいうのは，だめですし，私が意見をいうと社長は「会長がいうなら，しゃあないな」とOKします。しかしそれでうまくいかなかったら「あれは会長がいうたんで，わしに責任ない」ということになる。私がその時にパッというのは「他の人から一切話は聞かない。社長の話だけを聞く」。それだけ宣言したんですね。「何か問題があれば，社長が相談に来る，それに対して意見はいうが，一般の取締役や事業部長がいう時は，とにかく社長のところに行け」といいました。二頭政治にするとだめです。それはずっと続けています。

今は会長職も辞めて顧問になっていますが，それでも来る人がいる。社長にいうたら反対するやろけど，このおっさんやったらと期待をこめて来るんですが，これはあかん。ややこしい個人の話やったら聞くけども，会社としての話は社長を通せと。そこそこうまくいっているのではないかと思います。

panel discussion

辻 まだ会長になっていませんので，確かにそうだと思いますね。もしやるとすれば，院政などよくないでしょうし。言い訳をさせないことを，ぜひ守っていきたいなと思っています。

中田 林先生，お二人からご意見をいただきました。皆が皆そうはいかないと思いますが，歴史的な研究の成果も含めてお話ください。

林 三中井の教訓でいいますと，三代目勝治郎は昭和14年に四代目を後継者に指名した後，自分はお茶と俳句に明け暮れて，いっさい仕事にタッチしなかった。口を挟まなかった。結果的には三中井は消滅してしまうんですが，お二人の話を伺っていますと，ちゃんと後継者が揃っていて，その人が創業精神＋将来の経営能力があると，ある程度見込まれているんだろうなと思いました。堀場さんも辻さんも，そうなさるんだろうなと思いました。三中井の場合は，ちゃんと後継者を養成しないで，義理の息子だからという理由で経営権を渡して，あとは知らん顔というのも今から思うと悲しい事業承継であったと私は思っております。

現在の事業承継，創業者の事業承継の具体的ケースは思い浮かびませんが，大きな会社の場合はサラリーマン同士で社長を「次はお前がやれ」と決める。私の友人に味の素の社長になりました伊藤雅俊さんがいます。30年来の友人ですが，彼は専務時代に「次はあんただろうな」というと，本人は「絶対ない」という。「山口さんが4〜5年の任期で辞めたら，私は歳とっているから自分の時代はない」といっていました。ところが，一昨年，突然「社長になれといわれちゃった」とメールがきました。翌日返事のメールを出しまして「次の100年に向けて布石を打ち，大義を功とする覚悟で社長を務めてください」といいました。彼は社長になりました。それ以前から，彼はすでに代表取締役の一人でしたが，いつでも引き受ける覚悟を決めていました。

彼は山口社長から，「来年の創業100年を機に辞める。君は次の100年の基礎を打ってくれ」といわれたそうです。そして，彼には社長になったらやりたいことが確かにありました。それは海外戦略です。今，海外戦略を急拡大しています。

大会社の事業承継も，そういう形で「相談があるから，今晩つきあえ」といわれて，料理屋で酒を飲みながら，あっさりと社長を譲る，譲られるということもあるんですね。会社の将来を託すにふさわしい人間として，彼が指名を受けたんだなと感じました。

中田 事業承継とは会社の創業の理念などを残していくということだと思いますが，事業承継で何を次の世代に渡すか。自分がつくった企業で，どんなふうに社会に貢献したいか，そこのところは後にも残したいと思っておられるのかなと思いましたが。堀場様，いかがでしょうか。

堀場「この業界で一番になれ。他のことをやりたかったらナンバー1，オンリー1になる自信が充分でなければ駄目」といっています。死んだら何をしよるかわかりませんが（笑）。

中田 皆さんがお二人のように割り切られると，行政として困ることもあると思いますし，技術としては良い事業を残してほしいと思いますが，そのあたりはいかがでしょうか？

田中 お二人のお話は特徴的で，皆が皆そういうふうに割り切られる経営者ばかりではないと思いますが，いくつかパターンがあると思います。京都の場合ですと，一つはベンチャーで創業されて上場され，組織になって従業員を抱えられる。そういう場合

は，やめてしまうという話にはならない。社会的責任もある。誰かに引き継がせるということになる。一方，伝統産業の職人さんであるとか，小売店を一人でやられている場合ですと，先ほどお寿司屋さんの例もございましたが，かっこよく一代で辞めるということもあるかと思います。京都の場合，多いのは家業として続けられているところです。三中井百貨店の例にもありましたが，番頭さんとの関係，兄弟関係など難しい部分があります。私もいろいろと話させていただいている中では，家業で続けておられる皆さんのところは，一族のなかで喧嘩をされていない。役割がしっかりしているということで続けられているのだと思います。

京都の場合，組織として続けていただく皆さんの中で，代が変わる，その時に，辻さんが仰ったように，基本的な精神がどこかで流れていないと，その会社の創業の意味がなくなるだろうと思います。それが流れていると，会社としての発展の可能性が常にあるのではないかと思っています。パナソニックの場合も松下社会科学振興財団をお持ちなっていて，松下幸之助さんの思いが，社員にずっと続いている，将来的にも。人に承継すると同時に事業は変わっても，気持ちの部分を継承していただくと，会社の特徴も残るし，そういう継承が京都という地域の産業発展ということにおいても特徴づけられるものではないかと思っています。うまく事業承継の形ができるように，私たちは，例えば伝統産業の職人さんたちの事業承継については，いろんなところで支援していきたいと思っておりますが，大企業になると，そこはぜひ組織の中で考えていただきたいということになるかと思います。

中田 今日1日，いろんな方々の研究発表を聴かせていただきました。ぜひ会場の皆様からもご発言をいただければと思います。

質問者 堀場様も辻様もベンチャーで苦労されてますが，大きくなっていくと社員は，成績は優秀であるが，安定志向の人が入ってくる。事業承継をする際にベンチャー精神，ゼロからスタートするところを継承させるのは難しいのではないか。安定したものをさらに大きくしていくことはあると思いますが，後継者の方にプロの仕組み，DNAを継承されるために工夫されていることがあればお教えください。

辻 私の場合は大成功しているわけではないので，確かに，ちょっと他に比べれば安定志向というか，弊社の場合，大企業から転職した人材が結構多いんです。そういう人はどうしても大企業的な志向をする傾向があります。新しいことをはじめる場合は特許の件数を調べる。文献の傾向を調べる。徹底的に調べて，数が多いと「社長，やめておきましょう」という。それが私には不満で，「そんなやり方はどこでもやっているじゃないか」といったりすることがよくあるんですね。

もう一つは定期的に打ち破っていかないといけないということ。うちは創業がガレージですから，伏見の大手筋の雑居ビルにあったガレージをそのまま新社屋の5階に移設してあるんです。時々それを社員にみせています。そうしないと，わからない。30年といっても相当な歴史ですから。大企業から来た人は基本はできているんですが，自分で機械の組み立てとか，銀行の手形割引の経験をしたことないんですね。そういうことを振り返りながら常に先を考えようと，あと20年先のプランをどうして立てていくかをやっていこうという教育をね，ちょっと振り返りながら，やっていますね。そうしないと，わからんでしょうね。

堀場 教育というのはね，犬に芸を教えるのと一緒なんですよ。1回，2回いうても，覚え

ない。顔をみたら，いうて回る。そんなもので「あお，おっさん，回ってきよった。聞かれるし，何か考えておかんといかんな」という，そういうもんですわ。ものの考え方なんで，なかなか教科書みたいなことではできないんです。それと常に危機意識を持たすように，わざと危機をつくるんですね。大変や，大変やと仕掛けないといけません。昔話よりも今日現在の状況で「そんなことをしてたら，えらいことになる」という恐怖感を与える演出が要りますね。今の日本は安泰な国ですから，そこで危機感をもたせるのは難しいんですが，これが経営のトップグループの大きな仕事やないかと思います。

質問者 堀場様に質問です。後継者の方に「継いでくれ」といったことがないと仰いました。直接いわれてないかもしれませんが，周りの方が仰っていたのかなと思います。すばらしい現社長ですが，何か帝王学をされたのかどうか。2点目は，上場会社は潰れることはないということで安定経営の象徴とされていますが，果たしてこの経済不透明な時代においてはどうか。同族会社と上場会社の違いというか，その辺のところをお聴きしたいと思います。上場すれば後継者は親族でなくてもみつける苦労がないと認識していたんですが，この経済状況の中では，そうともいえないかなと思います

堀場 私の息子には帝王学は一切やっていません。直接も，間接も「跡を継げ」ということはありません。その時の社長が推薦したから認めただけの話です。上場企業だと後継者の候補がたくさんあるということは事実だと思いますが，経営者といっても，いろいろあるんですね。アメリカは落下傘で飛び降りてきて「明日から社長になる」という経営専門の人がいて，2, 3年おって株価が上がったらやめる契約の経営者もいますが，日本の場合は従業員の関係やお客さんの関係などがあって，落下傘部隊で飛び下りてきた社長はなかなか難しい。会社が潰れるようになって銀行管理になって銀行から人が来るというのはありますし，どこかの関係で親会社から人が来るとかはありますが，完全に独立系の会社で経営者を外から迎える，レディメイドの経営者を迎えるのは難しいので，そういう人は数年間は飯を食って苦楽を共にした人が「この人なら社長に迎えてもいいのではないか」という一つのコンセンサスがなければ，そう簡単には日本の場合はいかないのではないかなと思います。

辻 上場企業やから後継者をみつけやすい。一般論としては，非上場会社より可能性は高いですが，そういう人に来てもらっても，すぐにできない。三つ大事なことがあると思います。実力がないとだめ。それから，実績がないといけない。実績を積まないと，いきなり社長を呼んでということでは困ります。実力と実績と，もう一つは人望ですね。人望がないと，どうしようもない。この三つを持っている人が本当に来ればいいですが，大企業やからといっても必ず簡単にいくわけではない。

質問者 林先生に質問です。うちの会社は海外には出ない方針でしたが，息子には海外進出のプログラムを立ち上げろといっています。向こうで骨を埋めるくらいの意識でないといけないともいっています。三中井では，子どもに対する後継者の育成をどの兄弟もやられなかったのでしょうか。

林 三中井の話と，いくつかの企業の海外進出のお手伝いをしていますので，そこから得られた知見を申しますと，三中井の場合は，中江家のビジネスは金堂の小さな小間物で，そこで大成功するとは思いもよらなかった。三男の富十郎が九州・唐津にいて，朝鮮開国

（1876年）から日露戦争（1904～05年）にかけて，九州を中心に商人が朝鮮半島に進出して，それで商売で大儲けをしているのを直接みているんです。自分もポンポン船を仕立てて釜山に行って，小間物を得ると飛ぶように売れた。すごいポテンシャルがある。

金堂で細々とやるよりは引き払って朝鮮に行ったらどうかということで兄貴を説得して出ていったんです。最初は四兄弟全員が朝鮮に行きました。

その後大正の初め頃には，経営の現場は朝鮮半島，住まいは金堂になった。勝治郎は金堂に本宅を構えていた。兄弟全員も居を構えた。それでも富十郎と準五郎は朝鮮に滞在して指揮を執っていた。何かあると戻ってくる。外国で稼いで本宅で良い暮らしをするということを続けていた。近江商人の常で，彼らもどこにでも出かけていくが，成功すると近江に居を構えて，現場を遠隔操作したわけです。それがうまくいっていたので，日本での経営基盤をつくらないままに敗戦になった。日本で経営基盤をつくった方が良いのではないかという誘いがあったが，やらなかった。

敗戦で強制接収されて崩壊したのですが，精神的な崩壊の方が大きかったのではないかと思っています。再建する熱意とか哲学とか，そういうものが承継されなかった。そして，再建する能力のある番頭さんも丁稚さんも養成していなかった。再建しなかったというより，再建できたかもしれないが，創業者一族にはその意欲を持った人間がいませんでした。

私には韓国，中国，台湾に事業進出している日本企業で働いている教え子たちが何人もいて，彼らに対して，日本人はなかなか現地に骨を埋めるなんてことはできないと言っています。日本に帰ることを前提に仕事をしなさいと。それから，言葉の問題，文化理解の問題があります。日本から一歩出たら日本語が通じない世界です。中国だって英語を使わないとビジネスはできない。英語をしっかりやれといっています。そして，現地語をやりなさいともいっています。そういう覚悟でやって，最終的には日本人は日本に戻って骨を埋めるのがよい，と話しています。

中田 今日は，ここには経営者や事業をされている方もおられます。最後に先生方から事業承継学会で，こういうことを切り口で，ここをやれば事業承継の何か新しい切り口がみつかるのではないかということをお聞かせください。いろんな人が集まっていっしょに勉強していこうという会ですが，何か経験の中から，この点が一つ，ポイントではないか，この辺を切り口として，視点としてもっておけば，今後，みえてくるかもしれないということをご教示いただけたらありがたいと思っています。学生に対するヒントであるとか，今後，事業承継を考えている方へとか，コメントをいただければと思います。お越しいただいた方々へのお土産ということで，一言ずついただければと思います。

辻 第1回の全国大会ですが，広範ですよね，事業承継。企業の形態もお店をやっておられるお寿司屋さんの話から大企業で海外展開される会社もあって多種多様で。なかなかまとめづらいところですが，それぞれにいろんな可能性があるのだと思いますね。事業承継はこういうことをやりなさいというのは，ケースバイケースで，事業の形態や歴史や経営理念に及ぶところもあると思います。一つだけ，今後必要になるだろうとすれば，グローバリゼーションは避けて通れないところですね。うちは国内だけしか商売してないから関係ないというところもあるでしょうが，直接的にはないにしても間接的には必ず出くわす話ですから，それに対する対応をしっかりやっていかないと，製造業であれ，サービス業であれ，事業を続けていく以上，大きな課題になってくると思います。

panel discussion

田中 教えていただければという視点からです。京都の企業で，創業の後，事業承継され，今もご活躍いただいている企業，例えば，島津製作所さんなどは，今の経営陣には創業者のご系列の方はいらっしゃらないんですよね。でも，島津製作所は京都の企業なんですね。川島織物さんも同様。大きな企業でありながら京都の地域性というものを持っておられる。このあたりが京都という地域の特性で，そこが，大阪や東京の地域性と異なっている。個人でなくても，組織としての特徴がある。そうした地域性をもう少し深く究めていくことに，私自身，興味を持っているところです。

もう一つは後継者の承継のあり方について，どのような形で，どう継承されているか，例えば，大阪創業の会社が代替わりして東京へ移られる，このような場合に，何を求めて東京に行っておられるのか，このあたりは関連して勉強してみたいなと思っている課題でございます。

林 事業承継とグローバリゼーション，ローカリゼーション，この三つが今後の日本を救う鍵かなと思っています。時代が変わりますので，大中小企業にかかわらず，事業承継は，どんどん進むわけです。どういう方が事業承継をされようと，グローバリゼーション，内と外のグローバリゼーションは避けて通れないと思います。

グローバリゼーションと同様に，ローカリゼーションが地域を元気にしなければ，たまんないですよね。京都府の皆さんと丹後半島まで駆けずり回って地域の活性化のお手伝いをしていますが，後継者がいないんですよね。企業の問題だけではなく，地域全体に後継者がいない。そういう後継者をどうやって育てるか。東京，大阪にいるニートを何とか活性化して地域に引っ張ってこないと地域に子どもが生まれませんよね。地域が崩壊するところまで来ているという危機意識をもってほしい。

一方では日本のほとんどの会社はグローバルな競争を勝ち抜いていかなければ，食えない時代に来ている。そうすると事業もさることながら，人がグローバルに戦って勝ち抜いて，お金を日本に持ってこないと食えない時代に来ていると思います。堀場さんも仰った危機意識，カギは危機意識を，どうやって若者に持たせられるかということが活性化の最初のバネになる契機だと思います。トヨタさんも，ずっと危機意識と仰っていましたし，すごい会社だなと思っていたらリコール問題でアメリカに嵌められて，本当の危機になりましたけど。その時に社長は，創業家の出身だからこそ，ああやって難しいことができたんだろうなと思っています。

三つのキーワードで私の考えを述べさせていただきました。

堀場 次世代に継承したい場合に大切なのは，継承にあたってのプライオリティを明確にすること。何を一番に継承してほしいか。何を二番目に継承するか。それを明確にしないと，受ける方が適しているか，適してないか，引き受けられるか，引き受けられないか，明確でない。「よろしく頼むで，頑張ってな」では，何をよろしく頼まれたのか，わからない。「期日だけは絶対守れ」とか「家業としてのこの会社を守れ」とか「この客先は絶対に放してはならない」とか，いろいろあると思いますが，プライオリティを明確にすることによって，次に受ける人のイメージも沸いてくるし，それを実際，アシストする番頭さんたちもわかるだろうし，外部のコンサルテーションをしていただく方も「それならこうやったらどうだ」となってくるので，大事なのは，継承する人が，次の代に何を望むかというプライオリティを明確にすれば，継承は比較的うまくいくのではないかと思います。

特集2

日本の事業承継
―先達から学ぶ21世紀の姿

2010年6月25日（金），同志社大学にて事業承継学会と同志社大学技術・企業・国際競争力研究センター（ITEC）の共催による2010年度事業承継オープンフォーラムが開催された。以下はその折の講演録である。

企業の永続と発展

石田隆一（株式会社イシダ取締役会長）

I 経験（歴史）に学ぶことの大切さ

最近，事業承継というものが非常に大きな波になっております。昨年10月には経営史学会の第45回全国大会が京都産業大学で開催されました。そこでは，「伝統と革新―京都企業からのメッセージ」というテーマで，島津製作所の矢嶋会長，尾池工業の尾池社長と一緒にお話しいたしました。それが終わった後，ドイツへ出てこいということで，ハイデルベルグにある包装博物館が主催した会議に出席し，自動車メーカーのポルシェの方などと一緒に，世界に展開している老舗企業の実例ということで話をしました。

そういうことで，企業をいかに続けていくか，成長とともに，どのように発展させていくかということは今世界的にも大きなポイントになっているのではないかと思います。この動きは何なのか，私なりに考えてみますと，これは，この前のリーマンショックを一つの動機とした現代の資本主義の見直しにあるのではないか。あまりにも目先の利益，短期の利益を追いすぎる。昔は道徳と経済は一体のものだった。しかし，今は，利益，利益で，3ヶ月に1回決算して業績が上がったとか下がったとか，配当がどうであるとか，そんなふうにやられたら，上場企業には申し訳ないですけど，本当に長期の計画なんてできません。3ヶ月ごとに決算というふうにやっていたら，たまったものではない。最近，私の仲間でも，スカイラークやワールドなどが上場をやめまして，もう一度やり直しだという会社が出てきているのも，むべなるかなと思います。なぜこんなことになったかといいますと，大きな原因は二つあると思います。一

つは，第二次世界大戦後，冷戦になりました。社会主義経済と資本主義経済が対立していたわけですが，1989年のベルリンの壁崩壊以来，社会主義経済はだめになったことがはっきりしました。ロシア，中国等が資本主義に雪崩を打って入ってきたわけです。市場もできましたけど，競争も厳しくなった。それと同時に資本主義は社会主義に勝ったというどこかに驕りと油断ができたのではないかと思います。

もう一つは，アメリカでも最初の建国時にはピューリタンの人たちが，ピルグリム・ファーザーズ，クェーカーが核となって敬虔なキリスト教徒として，聖書と勤勉さ，一生懸命努力する，勤勉に働く，聖書の気持ちを大事にしようということを合言葉にしてやってきた。ナサニエル・ホーソンの『緋文字』には，そういうことが随所に書かれています。しかし，だんだん時代を経るにつれて，アメリカ一国が力を持つようになった。宗教的なことを忘れ去って，商売が第一になって人間関係がドライで，ウェットなところが欠けたのではないかという気もいたします。

企業の永続と発展
石田隆一（株式会社イシダ取締役会長）

もう一度，資本主義自身が修正資本主義というか，何かを見直していかないと，このままではいけない。建て直すには「道経一体」というか，道徳と経済のバランスをとっていくことが大事ではないかと私は思っています。

長く商売をやって，古いだけではだめです。古ければ良いというものではない。絶えざる革新こそ，会社繁栄永続のもとであると，アメリカのゼネラル・エレクトリック（GE）の社長がいっています。絶えず変化していって，じわじわと少しずつでも伸びていくのが一番良いのではないかと，このように思います。

ただ「言うは易し，為すは難し」で，偉そうなことはいえませんが，昔プロシャにビスマルクという鉄血宰相がおりました。こういう言葉を残しているのです。「愚かなる人は自分の経験からしか学ばないけれども，賢き人はあらゆる人の経験から学ぶ」と。私もつくづくそう思います。歴史の中には宝石箱と一緒であらゆるものが詰まっている。歴史をみて，哲学を勉強することが大事ではないか。その意味で私の拙い経験ではありますが，私の下手な話が賢い皆さんの何かのご参考になれば幸いです。

II 人生とは演劇である

"人生とは演劇である"と，私は考えています。しかし，脚本は自分自身が責任を持って書かねばいけません。その意味では私もいろんな計画を立ててやってまいりました。ちょうど今年は社長になりましてから5月で42年半になります。社会人になりましてからだと50年です。一つの区切りということで，前から申しておりましたバトンタッチを無事致しました。

「人生五計」といいます。いかに生くべきかの生計，いかに健康を保つかの身計，いかに家庭を営んでいくかの家計，いかに老いていくかの老計，そして，いかに死すべきかの死計。それを考えると，ふらふらになってバトンタッチした途端に倒れたら良くないと考えて来ました。そのため，この20年間，最初は1万歩から始めまして，今は平均1万5千歩を毎日歩いています。「あいつはアル中だ」とよくいわれます。アルコール中毒ではなく，"歩く中毒"です。ちょっと早目に起きて，京都は良いところがたくさんありますから，20年ウォーキングを続けられています。何でも続けるということは良いことです。私もガンになりまして，胃を切っていますし，いろいろ病気をやっておりますが，毎日のウォーキングのおかげで，ここまで生きられたと思っています。

III 入社当初の苦難と経営スタンスの確立

私が会社に入ったのは昭和35年2月19日，今年で丸々入社50年です。その頃は，我々の業界はあっちこっちで規制がありました。そこに突然メートル法という新しい法律が出来た。販売体制は昔から問屋制でしたが，新しいメーカーが何か新しいことをしないといけないと思って，直接販売の取引を始めました。法律では禁じられていましたが，時代の波というものが後押しをするとともに，詭弁を弄してズルズルとやり，法律を犯しても成功してゆき，我々古いメーカーは取り残されてゆく羽目になりました。

セールスをよそからスカウトしたりして頑張ったのですが，会社の経営はどんどん火の車になっていきました。祖父と父がおりましたが，ピンチなので「お前も会社に入って助けてくれ」といわれました。助けるも何もないんですが，何か役に立つことがあればと決心し，2月17日に大学の最後の卒業試験を受けて，18日が休みで，19日から入社しました。厳密にいうと，ある時期は学生であると同時に社会人だったというような修羅場を潜っております。

非常にしんどかったです。その時には溺れるものは藁をもつかむという心境でした。海音寺潮五郎に『名将列伝　悪人列伝』という本がありまして，その中の弓削道鏡編に「70年目くらいに最初の繁栄のピークが来る」と書かれています。私が会社に入ったのは会社ができて67年目でした。そうか，そろそろ70年か。今はしんどいけれど，そういうことも歴史からみたらあるものだ。鰯の頭も信心で，それだけを信じて頑張って，いろいろと改革を試みました。その年の暮，私一人ではわか

特集2
日本の事業承継 ―先達から学ぶ21世紀の姿

らないので、経営コンサルタントの先生にみてもらいました。昭和35年12月末のことです。そうすると「お前さんところの会社は断崖絶壁の端におる。もう一押ししたら千尋の谷に落ちる。それでもやるか？」といわれ、「やります」と答えました。すると、「いいだしたお前は経営管理事務局長」といわれまして、それからは死に物狂いでやりました。先生方もよくやってくださいました。

やがて会社はじわじわと持ち直してきたんですが、私が28歳の時に、祖父が83歳で大往生を遂げました。偶然にも、その葬式の晩に父が人前でおならをしたんですね。その時に叔父が京大の医学部長をやっていまして「兄さん、その音おかしい。検査した方がいい」と父に申しました。父が病院に検査に行きましてから1週間後に叔父に呼ばれまして「びっくりしたらあかんで、あんたの親父さん、ガンやで。俺の見立てでは長くて2年しかもたん」といわれました。これはえらいことです。せっかく死に物狂いでやってきて、何とか売上が7、8億まで来たのに神も仏もあるもんかと本当に思いました。その時に一つのよりどころになりましたのは、昔、高等学校時代に読んだ本の中にあった、「失敗というものは人生の破滅にはつながらない。逆に失敗した後、どういう態度をとるかによって失敗は破滅にもつながるけれども、成功につながるケースも多い」という言葉です。それを思い出しまして、「そうか、ものは考え方や。神も仏もあるものかと思ったけど、俺は今、28歳、父は戦時中、外地行っていたので、その時なくなっていても仕方がない。天は自分に十分な時間を与えてくれたと考えると、感謝すべきであって、何も恨むことはない」と自分に言い聞かせました。

そうして、私は自分なりにどのように生きていくべきかについて真剣に考えるようになりました。そこで私の基本的な経営スタンスを決めたんです。それは何か。絶対に会社の経営は人々に喜ばれ、社会に役立つ働きをする。個人的にも会社的にも社会に適した適者になる。そのための必要条件が三つあると考えました。その一つは共通の目標を持つこと。二つ目は共通の理念、経営哲学を樹立すること。三つ目は一人一人が品性、人格を高め、そういう人の寄り集まりである会社の社格を高めていくこと。この三つが根本だと考えました。

最初の目標としては我々の会社は決して大きな業界ではありませんので、規模の大きさだけを追求する最大の会社ではなく、最良の会社にしたい。理念としては親父から教えられた「三方よし」。「自分よし、相手よし、第三者よし」の近江商人の教えと似ています。それを基本にする。三つ目は人格を陶冶するためには知恵だけではいけないので、「智徳一体」。これをお互い勉強していこうではないか。そうすればお互いに何かあっても生き延びられるはずだと信じました。その後2年間、父は入退院を繰返していましたが、「しっかりやるから、思い残さずに逝ってもらってええよ」と冗談までいえる余裕ができました（笑）。父は会社のことを心配し続けていましたから「そんな頓珍漢なことはしない。任しておいてくれ」と父にいったことがあります。

Ⅳ 革新の軌跡

そんなこともございまして何はともあれ、2年が経ちまして30歳になり、父はその年の12月に叔父の予測通り亡くなりました。どうなるかと思いましたけれど、経営者として、それまで一生懸命頑張っておりましたので、皆が「ついていくからやってください」といってくれました。当時、社員は250人くらいでした。十年一昔、その後も、いろんなことがありました。最初、流通革新をやりとげましたが、その次はアナログの針の秤から電子秤への移行、いかにそれを乗り越えるかということで、死に物狂いで技術革新に取り組みました。

技術革新がうまく行きますと、今度は、我々の業界に弱電メーカーが参入してきまして、業界全体が大慌てになりました。私も、えらいものが来た、我々は下請けか、修理屋になるしかしょうがないのかと思ったのですが、中堅企業になりたいと考えるなら大企業との競争より逃げてはダメだと思いました。「あんたは若いから恐いもの知らずでいうのであって、そんな大企業に立ち向かったら、牛車に立ち向かう蟷螂の斧と同じや」と笑わ

企業の永続と発展
石田隆一（株式会社イシダ取締役会長）

れました。いろいろと技術を教えて貰っていた京都大学の工学部の教授も，それから20年くらい後になって，「あの時は石田さんも，これまでかと思っていた」と仰っていました。当時の私は，小さい秤の池に巨大な鯨が入ってきたみたいなものだと思いました。こんな小さな秤の池では鯨はそう何頭も住めない。辛抱して頑張っていけば，必ず鯨は出ていく。皆，悪いことばかり思っているけど，逆に良いこともあるんじゃないかと思いました。「鯨が暴れたら池の側壁がくずれて，池自身が大きくなる。喜んだらええやないか」と皆を叱咤激励しましてやってきました。その後，その時に頑張ったおかげで逆にピンチはチャンスになり，その時に培った技術のおかげで，芽が出てきまして，新たなコンピュータ・スケール等の新製品も出ました。

この危機を乗り切って10年が経った頃，今度は，日本青年社長会という全国組織の会長になれという依頼が私のところに来まして，こんな私が会長をやっていいのかと悩みました。実は，前から胃の調子がおかしい，一回，胃カメラでも飲んだらどうやといわれていたんですけど，経営者にとって胃が痛いのは当たり前やと，ほっといたんですね。しかし，大事な仕事をするとしたら，健診しておかないといかんと思って，胃カメラ飲んだんです。結果は癌でした。「もう1年待ってくれ。日本青年社長会の会長職が終わったら手術やるから」といいましたら，「1年したら命の保証できない」と医者にいわれました。それで，副会長達に「すまんけど，誰か代わりにやってくれ」と頼みました。皆が助けるからということで，会長職を引き受けて手術しました。

流通革新，技術革新，意識革新，健康革新と，いろいろ節目を経てまいりまして，会社に入って50年，42年間社長業です。最近の人は，ちょっとしたことでフニャっとなるけど，私はいつも「世の中は何でも解決できる。逃げたらあかん。絶対逃げるな」といっています。

V 経営者の果たすべき責任

私は，企業というのは夢で始まり，ロマンで発展し，責任感で成功すると思います。経営者の責任は何かというと三つあります。一つ目は絶対に会社を潰してはいけないということ。基本中の基本です。二つ目は従業員の生活を守らないといけないということ。三つ目は日本国民として少なくとも会費としての税金を納めないといけないということ。赤字になったらいけないということです。この三つをずっと念じてきました。おかげさまで，この間，会社は潰れませんでしたし，従業員もこちらから辞めろといったことはなく，生活を保証してきました。少なくともこの43年間は一度も赤字決算をしたことがありません。小さい会社ですが，それでも，そこそこ税金を納め続けさせていただきました。ありがたいと思っております。

VI 次世代へのバトンタッチ

3年前に京都新聞が「イシダの社長は3年後に交代する」と掲載してくれました。私は「3年後には引退します，社長を引きます」と発表しました。私は，「個人はマラソン，会社は駅伝」と思っています。会社は絶えず革新を経て永続していかないといけない。バトンを努力して次の人に継いでいくべきだと思います。

以前，親しくお付き合いしてきたタナベ経営の田辺さんからいわれました，「社長の点数を100点満点で評価すると，頑張ってここまで会社をしてきたということで50点。後の50点は，しっかりした後継者をつくって，それにうまく譲れるかどうか。今のままでは，せいぜい50点止まりですよ」と。これが頭にこびりついていまして，きちっとやっていかないといけないと思いました。ということで，このたび譲ることを決心したのです。

本当に後継者は大事で，歴史をみていましても典型的なのは中国の秦始皇帝ですね。2代，3代，4代と続くはずが，長男を辺境の地に追いやったばかりに，腹心の

特集2
日本の事業承継 —先達から学ぶ21世紀の姿

大臣と趙高という宦官に陥れられて，偽の手紙で長男は死を賜り，簡単に滅びました。源氏も平家もそうです。あれだけ強かった武田信玄も後継者問題で失敗している。

　潰してはいけないと思いまして，私は3年前から，「譲ることに関してゴタゴタいわない。残すべきものと，変えるべきものとしっかりしてくれよ」とだけいっています。「不易流行で，残すべきものは一つの理念だ」といっています。そして，目指すべき企業理念をやってくれています。今後はどうなるかわかりませんけど，任した以上は，潰れる時には潰れたらで，それは仕方ないと思います。競争会社はたくさんおりますけど，私は天に二つの太陽はない。私は引く以上は，きれいに引く。1期目は取締役に残してもらってもいいけど，代表権は要らない。任した以上は任すということで頑張っておりますが，これから何が起こるかわかりません。皆さんにもお助けいただかないといけないと思います。

　仲間がたくさん会長になっています。いろんなケースがありますが，一番うまくいっているのは堀場さんのケースだと思います。「堀場さん，あんた，どないしてるの？」とお父さんにお聞きしたことがあります。「わしはな，会社では社長以外の話は聞かんし，社長以外に話は聞かんことにしてる。役員会に出ても，できるだけ意見は社長がしゃべって，報告書と決算書だけは毎日みています。それ以外の細かいことはみません」とのことでした。全然社長以外に話をせんというわけにいかんのではと，堀場さんの現社長さんに聞くと，そのかわり毎週2，3時間じっくり二人で話をする時間をつくっているとのことでした。

　私の方は，息子に対しては自然栽培です。私の後ろ姿がみえたらいいと考えます。生意気ばかりいってましたけど，だんだんわかってきまして，自分がちゃんとしないといかんというので，自分自身でMITに留学，卒業しまして，いろんな勉強をやっています。まあ，若い時は，お釈迦さんと孫悟空の関係だと思います。大きいところで泳がして，成績のことは一切いうたことはありません。どんな成績やったか知りません。本人は頑張らないといかんと思って頑張ってくれています。それでいい

と思います。

老舗企業から学ぶ事業の継続性

横澤利昌（亜細亜大学教授）

I　はじめに

近年のリーマンショック以降，日本の経済はさらに停滞し，東日本大震災で政治も社会も不透明さを増してきている。このような状況下において，企業における次世代の有能な承継者を育てる社会的基盤の弱体化がすすんでいる。さらに女性の社会進出によって，出生率が減少し，少子化がすすんでいることは，事業を承継する人材の人口の減少を意味している。そのため組織の事業承継そして永続性を考えることは，その重要性を増してきている。小論において企業がどのようにすれば長期にわたり存続できるかということを，著者の長年の長寿企業・老舗の調査結果から示唆する。

まず事業承継の困難性をまず提示し，老舗が行ってきた伝統と革新のバランスの意味と有効性，そして「老舗企業モデル」を永続性の経営モデルとして提示し，その根底にある思想が「Familism」であることを論ずる。最後に現代における老舗企業の課題を提示した。

II　事業承継の困難性

事業承継は現在の日本企業の重要な課題である。トップ・マネジメントの面接調査によると一般的に事業は以下のような経緯をたどり3代で倒産するケースが多いことがわかった。

①　初代（創業期）

初代の成功した人物の多くは，ビジョン，家訓とか何らかの哲学を持って活動している。

創造力に富み，ベンチャー気質が旺盛で気骨がある。ネットワーク構築にたけており，また見識と人望がある。さらに承継者を育てる能力があり，その人物に権限を委譲する度量（器量）がある。

②　2代目（維持期）

初代の意志を継いで承継するのは創業より困難とされている。しかしながら2代目は先代の活力，気迫を見て学習している。また従業員も先代の吸引力があるため士気も高いという優位性がある。そういった遺産を受け継ぎながら組織を整えて守り冷徹に分析し，堅実に維持・発展させていく経営力，資質，性格，使命が必要である。しかし，初代の影響力がなくなると社長の奢りや身内の不和や風紀の乱れ等が起こったりする。

③　3代目（衰退期）

初代の影響力がなくなり，既成勢力に甘んじて，長期的ビジョンもなく目先のことばかり気になり安きに流される傾向にある。それが昨今のような苦難・激動の時代になると内外の変化に対応する経営力や革新，エネルギー，スピリットに欠け何事も姑息になり衰退していく。その間に内輪の紛争，風紀の乱れ，善悪の判断も鈍り倒産するケースが多い。

それでは事業を承継していくためにはどうすればいいのか次の項で見ていく。

III　老舗から学ぶ永続性：伝統と革新のバランス

老舗の定義は，先祖代々100年以上続いていて，今日もなお繁盛している組織である。繁盛とはただ単に利益の増加を意味することではない。姑息な手段や不正な戦術で利益を得てもそれは真の繁盛とは言えない。品格が

特集2
日本の事業承継 —先達から学ぶ21世紀の姿

図表1　創業以来，現在まで貴社では変えたもの，変えていないものはどのようなことか？

■殆ど変えていない　□一部変更　■まったく異なる　□無回答

項目	殆ど変えていない	一部変更	まったく異なる
企業理念（家訓等）	55	32	10
のれん（屋号・ブランド名）	53	34	12
事業内容	18	64	17
商品・サービス内容	10	65	23
販売エリア	13	58	27
仕入先	7	62	29
顧客	7	62	29
販売方法	11	55	32
生産技術	8	37	34

変えないもの：理念・ブランドを守りつつ

変えるもの：本業も含め時代に応じて事業内容，技術，マーケティング他を革新

出所：『100年長寿企業アンケート1999年9月』（実践経営学会「顧客価値研究会」）
■対象地域：全国　■対象企業：1998年以前創業，年商5億円以上　■調査数：設定4,910社，回収618社。

重要である。また，筆者の長年の老舗企業の調査によると老舗は伝統と革新のバランスを保つことで永続性を確保していることがわかった。図表1は1999年に100年以上存続している老舗企業を対象に行ったアンケート調査の結果を表している。

◆老舗企業も創業時はベンチャー

図表1を見るとわかるように，老舗は一方で，守るべきものは経営理念（家訓）と「のれん[1]」がある。事業内容はほとんど変えないが18％と少ない。家訓とのれん以外は時代に応じて変えているという結果である。近年の取材を通じて現在もこの結果とほぼ同様である。他方，変えるべきものは販売エリア，仕入れ先，顧客等がある。古きを守るイメージがある老舗企業も実は多くの革新を行なって現在に至っている。（図表2参照）

和菓子の虎屋17代社長の黒川光博氏は「伝統とは革新の連続である」と言う。一般に老舗の場合，革新とはブレークスルーではなく，日々毎日，創意工夫してすこしずつ変化していくことである。全く新規のものではなく，半歩先をみて従来のものの中に新しい機会を見出

---

[1] 老舗と家訓
「のれん」について京都府が開庁，100周年記念事業として昭和45年（1970年）に「老舗と家訓」を編纂した。その中で，約400余年の老舗を経営する西村大治郎氏の老舗の哲学が核心を述べている。
老舗が誇るものにのれんがある。
第一にのれんは信用の象徴である。商人にとって信用が生命であり，信用なくして家業を継続させることはできない。しかも信用は一朝にしてできるものではなく，しかも一朝にして消えさるものである。
第二にのれんは闘志の象徴である。これはまさに戦場に臨む武士の姿である。強い生命力はあらゆる束縛をハネ返して自らの経営革新を断行させる。
第三にのれんは人の和の象徴である。西村家では封建時代においてさえ主従は友達と家庭で教えている。身分制度を超えて人間みな同朋である。したがって根本には一人一人の人間性を尊重し，しかもその一人一人の人間が1つにまとまるというのがのれんの意識である。

図表2　長寿（老舗）・ベンチャー比較
～老舗とベンチャーの格差が大きい項目のみ抜粋～
今後，重視すべき経営上のポイントは？

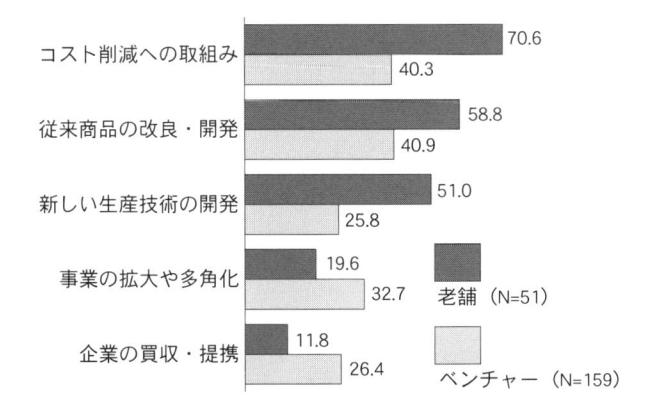

項目	老舗 (N=51)	ベンチャー (N=159)
コスト削減への取組み	70.6	40.3
従来商品の改良・開発	58.8	40.9
新しい生産技術の開発	51.0	25.8
事業の拡大や多角化	19.6	32.7
企業の買収・提携	11.8	26.4

事業の拡大・多角化より改良・開発を重視

資料：『革新企業に学ぶ事業戦略と情報戦略』1999年アンケート調査より（日経リサーチ，曽根原敬悦氏）
www.h6.dion.ne.jp/~ndano/sinise/kakusin.html

し，価値ある物事（モノ・コト）を発見，創り出す能力である。

砂鉄から精錬する技術を再興した企業で鉄製の急須や茶釜を製造している「菊池保寿堂」（1604創業・山形市）の14代社長菊池規泰氏は「半歩ずつ積み重ねていくと，進化して，それが当たり前になっていく。半歩だって，4回続けば2歩になっているわけです。1歩を踏み出す勇気がないときは，半歩進んでみる。それが100年経って，200年経って見たものがたまたま伝統と言われるものになるわけです，伝統とは，革新（創意・工夫）の連続した状態のことを言うのではないか。家業を次世代へ承継していくためには，分をわきまえ，伝えていくモノ・コトを時代と共に革新＆創造をしていく。それらモノ・コトの両輪で行って初めて事業が次世代へ受け継いでいけるものである」。つまり永続のためには，まず本業での創意工夫が基本であるが，時代を読み，市場を観て，本業とのバランスを考えながら業態変化も必要であることがわかる。

約400余年の老舗を経営する西村大治郎氏によると事業承継者の要件は以下である。

第一に老舗はつねに自己革新をくり返さなければならない。老舗性をすてることにより老舗は存続を許される。

第二に老舗はつねに人材養成をはからなければならない。歴史は古くても経営は新しくなければならない。

第三に老舗はつねに地域社会への奉仕を心がけるべきであろう。老舗の家訓のほとんどが「公儀第一」をうたっている。老舗は地域社会の誇りであり地域住民の心のよりどころでなければならない。老舗の後継者の条件は，要するに人格である。知識，才能，行動力なども必要であり学歴も経験もあるに越したことはない。しかし最も必要なものは老舗を存続させようとする意思であり，それを支え助けるに値する人格である（老舗と家訓，1970）。

経営理念とのれんは守り，その他の項目は革新しなければ存続は難しいということである。そのための教育と人格を養うことである。たゆまぬ創意・工夫・変革があればこそ伝統は守られるといってよいであろう。

図表3に2代目3代目経営者が変革を決断する際のチェックリストを示す。

◆老舗企業は危機をどう克服したか

老舗企業が長年存続したのは多くの過去のき危機を乗り越えたからである。

現在の不景気，東日本大震災とその後の原発事故と企業は多くの危機に直面している。老舗企業はどのようにその危機を克服してきたのであろうか。今日，現存する老舗企業の最大の危機は外的要因としては戦争や地震などの自然災害がある。江戸以後であれば明治維新と第2次大戦であった。明治維新は従来の顧客であった武士がなくなり，顧客がかわり，政策の大転換であった。その中で小野組は江戸の3富豪である三井，住友，鴻池を凌ぐ勢いであったが明治維新を契機にその激動する環境や政策についていけず明治7年に倒産した（宮本又次，1960）。　三井や住友は外部から有能な人材を投入し乗り切った。内的要因として，危機のときこそ経営理念に戻り見直す，そして浸透・結束する機会ととらえていた。それは次世代を育てるまたとないチャンスでもある。大福帳を江戸と本家に分散（大火），データを分散しておく。これは今後の地震対策等にも示唆するものが

図表3 2代目，3代目経営者が変革を決断する際のチェックリスト

検証すべきテーマ	検討項目
変革の必要性	☐ 先代の遺訓をあえて破らなければならない理由を3つ以上挙げられるか
	☐ 変革をした場合，しなかった場合の最良の結果と最悪の結果（合計4パターン）をそれぞれ比較したか
	☐ 法制度の変更や技術革新など，従来のビジネスモデルが近い将来，陳腐化する可能性を検証したか
	☐ 長年付き合ってきた納入先，仕入先，金融機関の側に生じた「事情の変化」を分析したか
	☐ ライバル企業の経営者になったつもりで，自社の長所と短所を分析したか
変革の実現性	☐ 変革を進めるために必要な人材はいるか，あるいは調達できるか
	☐ 変革を進めるために必要な技術および製販体制はあるか，あるいは調達できるか
	☐ 変革を進めるために必要な資金はあるか，あるいは調達できるか
	☐ 自ら変革に必要な知識を習得し，可能な限り情報を集めたか
	☐ 変革を成し遂げる意思の強さが自分にあることを確認したか
変革に伴うリスク	☐ 離反したり，退社したりする社員の当たりをすでにつけたか
	☐ ポイント・オブ・ノーリターン（不可逆点）は設定したか
	☐ 取引を打ち切る口実を取引先に与える可能性を評価したか
	☐ 変革が失敗した場合の損害額を失敗のレベルに応じてシミュレートしたか
	☐ 変革の内容をわざと悪意で解釈してみる検証作業は実施したか
思考の客観性	☐ 「先代を越えたい」という功名心が変革の動機でないことを検証したか
	☐ 同種の変革をすでに実施した同業者に追随しようという横並び意識が変革の動機でないことを検証したか
	☐ 先代の頃からの"番頭"の意見（賛成であれ，反対であれ）を聴取したか
	☐ 現場に最も近い社員の意見（賛成であれ，反対であれ）を聴取したか
	☐ 自分は「やりすぎ」タイプなのか「やらなさすぎ」タイプなのか，分析は終了しているか
	☐ 自分の考えを文章にし，そこに希望的観測（「だろう」「はずだ」）が含まれていないことを確認したか

出典：『日経ベンチャー』No.198，p.29，2001年3月号（日経の取材に筆者が応じ，編集者がまとめたものである）。

ある。

例えば，世界一長寿の金剛組をみてみよう。創業578年の金剛組は長い歴史を振り返り厳しかった局面として，戦後最大の顧客である四天王寺の五重塔が他の業者によって鉄筋コンクリートで施工されたときである。その後克服するため鉄筋コンクリートによる社寺建築の手法を身に付けた。

また，危機を乗り越えた方法として，明治時代，四天王寺からの扶持米を頂けなくなった折には他の寺社の建築を手がけることで対応し，戦時中，寺社の仕事がなかったときには軍事用の木箱や棺桶などをつくることでしのいだ。戦後，鉄筋コンクリートによる建築の需要が高まったときには，社寺建築の経験を生かし，鉄筋コンクリートでも社寺の意匠が表現できる技術を発達させた。

社寺建築という仕事を守りながらも，新しい手法を取り入れて環境に対応してきた。

近年の経済危機の影響は宗教界にも大きく，資金源となる檀家の収入が減少したことなどによる建築計画の延期や中止が相次いでいる。そのため，現在の取り組みとして，基盤となる近畿圏のみでなく，九州・四国などに営業を展開し，潜在的な顧客の掘り起こしをおこなっている。また，他社と提携して最先端の地震対策（エアー断震）や，建築ローンの御提案など，新たな施策を展開している。

老舗企業の強みは顧客からの信頼。社員が仕事に誇りをもてること。経験が豊富であり，様々な局面に対応できることであるが，弱みとして顧客との関係が何代にも亘り続くため，関係の維持が難しいことである。

日本企業が危機を乗り切るために必要なものは，老舗企業の強みは顧客からの信頼と社員が仕事に誇りをもてること。さらに経験が豊富であり，様々な局面に対応できることである。

日本企業全体に占める老舗企業の割合は，諸外国に比べて特段に高いといわれている。それを可能にした民度の高さ，国民の文化水準の高さ，ということにもっと自信をもって，奢ることなく，かつ卑屈になることなく，愚直に，一生懸命働くことを大切にすること。また，戦争，大震災等の自然災害を除き，国家や役所に頼らず，自力自助の精神でたくましく生き抜く決意が必要である

(金剛組, 2010年3月)。

IV 永続する「老舗企業のモデル＝信頼のモデル」

老舗企業はファミリー企業が多い。近代化を乗り越えた日本にはファミリー企業が97％存在する。米国は49％, 世界平均が75％である。(FBN Japan, 2008)

企業が存続していたのは, そこに家族的な理論があったからこそである。絆とか信頼等である。それは既存の拡大, 攻撃的M&A等の市場主義的モデルと一線を画する。

永続性の要諦としてFamilismのモデルを紹介する。

○経営の原型は家

山本安次郎によると「経営の原型は家ないし家の生活といってよいだろう。そこでは消費と生産生活が未分化のまま統一され経営されていた（統一原理）。それが人口の増加, 人知の進歩, 生活の必要性から徐々に分業が行われ, 生産事業, やがて交換売買の流通事業がいろいろな形で家から分離し独立の事業として経営されるようになった（分離原理）。分離した事業の経営も一部のものは家の根源性のゆえに永くその生活関係, 人間関係を残して『生業』や『家業』という形を維持して今日に至っている」(山本安次郎1982)」。ここで生業や家業とは今でいうファミリー経営である。ファミリー経営は家族の絆で結ばれているが, 近年, そのファミリーが子供の虐待, 子の親殺し等, 世界中で家族の崩壊が起きている。そのため国連は, 1994年を「Family Year」とした。人間は根源的に協働する本性があり, 本来の家族の絆を取りもどさなければならない。

従来,「同族」といえば, 特に日本では前近代的な経営として欠点だけを浮き彫りにして徹底的に否定してきたのが現状である。近年,「ファミリービジネス」と命名してポジティブに捉えるようになってきた。

○「所有と経営の非分離」

BerleとMeans (1932) 他の調査以来,「所有と経営の分離」は理論としても実践としても否定できない現代企業の特徴として存在している。しかし, 老舗企業の研究を続ける過程で, それがまさに「家（ファミリー）の経営」であるといってもよいであろう。それが所有と経営が非分離で100年以上存続しているという事実である。

そこで, 従来の拡大路線の経営学の視点を変えて「老舗企業モデル」の構築を考えてみた。そこでの思想はファミリーを主体にした「Familism」である。その特徴は

① 経営哲学＝家訓＝人格の薫存, 倫理目的 (Argenti, 1974), 三方よし, 財務の健全性

② ファミリービジネス（家業）＝家族・財産・事業経営の三位一体の戦略経営（事業承継）

③ 資本と経営の非分離＝攻撃的M&Aなし, 迅速な意思決定, 身の丈経営, 三方よし経営

○老舗企業の役割分担

所有と経営が非分離の状態では, 役割分担を誰が担うかが重要である。その機能の種類は以下である（山本・加藤, 1980)

A ① 資本供給機能──例えば株主やオーナー社長（本来の企業概念・私益性）

② 戦略的支配機能──トップマネジメント（社長等）

B ③ 企業者機能 (entrepreneur)

④ 経営管理機能──事業概念（社会性・公共性）

C ⑤ 事務（作業）機能──現場

大企業では①〜⑤はそれぞれ資本と経営が分離されているが老舗企業の多くは非分離である。役割分担して担当するが老舗（ファミリー）経営ではファミリー内で誰が何を担当するか戦略計画として考える必要がある。

○老舗の事業承継のポイント

老舗企業の経営者の多くは, 次の世代への事業承継を考える上で,「事業」「ファミリー」「所有」の三位一体の戦略経営を重要視する。「事業」とは, "家（家業）" の存続を考えた長期的な経営戦略のことである。「ファ

ミリー」とは，老舗企業のほとんどが該当する家族間の在り方のこと。「所有」とは，会社や経営者の資産運用やそれを引き継ぐ方法を意味する。

初代が興した企業を引き継いだ2代目は，初代の考えや仕事振りに接しているぶん，その多くが企業を維持する。しかし，3代目，4代目と代を重ねていくと"企業のDNA"が希薄になり，「事業」「ファミリー」「所有」の3つの取り組みが疎かになりがちである。世代を経るごとに"DNA"が伝えづらくなることに，事業承継の難しさがある。そこで老舗企業では，DNAをよく知る祖父母や番頭的存在の者が，孫に直接教育を施すというケースが珍しくない。

以下の図で経営者と会長職の役割の違いを考えると，3つの円が重なる部分にファミリーの役割分担をどうするか，どのように教育するかの戦略計画が必要になる。

われわれの初期の研究により100年以上存続する老舗企業が欧米やアジア諸国と比較しても世界一多いことを明らかにした（横澤，2000）。それを強みと捉えて，今後もその永続性と事業承継の要諦をさぐっていきたい。

そこから21世紀の新しい原理を探求するのが目的であるがそれには世界各国と比較し，過去の伝統や古典を訪ね，現存の今を更に再考し，認識することにより，21世紀の世界の方向性を創造したいものである。それは老舗＝ファミリズムの思想（仮説）が根底にある。

図表4　老舗企業が事業承継で取り組む3円モデル
事業を引き継いでいくには，「事業」「ファミリー」「所有」の3つを考えた戦略経営計画が重要。

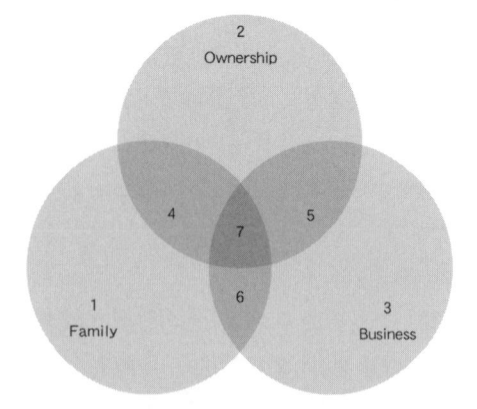

出典：K. E. Gersik et al "Geeration to Generation" p. 6, 1997.

図表5　老舗モデル

個人主義社会（Atomizum）	ファミリー主義社会 Familism
大企業中心 消費者を取り込む	生活者（ファミリ）中心 Life Innovator 創意，工夫，革新
個人中心 功利主義	思いやり社会 ケアの哲学（M.Mayroff）
階層社会	共生 調和 響存（人格の響きあい）
近代化・分析論理（部分性）	近代を超える・ホロニック
所有と経営の分離	所有と経営の非分離
大量生産・大量消費・大量廃棄	身の丈経営・バランス経営
アトミズム	Familism　中庸
（原子論：全体は部分の総和）	場の思想（清水博）
個人主義 自由主義 合理主義	間人主義（浜口恵俊）
	ファミリ（絆）ネットワーク
拡大主義	Small is Beautiful (E. F. Schumaker)

（この図表は二項対立でなく，「場」の立場から左を介しながら右を考える。深い根底ではひとつであるが現実は混在している）

V　老舗モデルの思想 = Familism

現代社会は自分のあるべき姿を個人主義の立場で描いている。個人を家庭，社会，国家などの集団と対立的に考え，個人の方が先であり，価値においても上だと考える立場である。もちろんその背景には封建制度からの開放（自由主義）と資本主義の発展がある。その結果，個人が歴史的・社会的産物であることの意義に到達できず個人の意義を不当に強調し個人・自由が責任や統制範囲より強く，「強欲資本主義」が台頭してきた。

日本での輸入個人主義は自由と結びつき何を行っても勝手という風潮になり，本来自由は責任と一体であるはずの責任が薄れがちになり勝手気ままな行動をとりがちである。

さらに功利主義と結びつき生産・消費・廃棄等の量の拡大が際限なく続き，今後の課題である自然生態系の崩壊，資源枯渇，社会秩序の崩壊，南北問題，格差社会が続くことになる。

80年代，「生活者」論議が華やかな時代があった，いまや，言葉としては定着したがその思想や実践は不十分である。その根底には生命の再生産がある（大熊信行，1975）。さらに敷衍すれば相互扶助・社会貢献・質的充

老舗企業から学ぶ事業の継続性
横澤利昌（亜細亜大学教授）

実，質的秩序・倫理等が根本になる。人格と人格の響きあう人間の本質的存在である価値・愛・犠牲の秩序・協働・調和・バランスの秩序などがキーワードである。100年続く老舗企業には生活者の論理をより発展させることにより説明がつく事例が多いように思う。それが「老舗モデル」である。

「生活者」はLife Inovator（名東，1993）として，企業に取り込まれる消費者ではなく，主体的に生活を革新して地域社会と共存し，企業をも包含する，それはまさに思想的にも実践的にも「消費者から生活者」へのパラダイムシフトであった。

しかし，用語ばかりが残り，実践面でも理論面でも不十分と言わざるをえない。

VI 老舗企業の課題（情報化と事業承継）

老舗企業にも問題がある。身内の紛争，社長の独断，家族と従業員との格差，のれんの過信等である。もちろんその問題をどう解決するかで世界中の関連学会において盛んに研究している。

〇今後の課題は情報社会（IT）と国際化

今後の課題は情報社会（IT）と国際化の克服である。情報化社会は情報が瞬時に世界中に流れ，グローバルに同一化することである。また，サプライチェーン・マネジメントとして東アジヤやアジア諸国が有機的に結びついて内需化すると考えられる。老舗企業は地域密着が特徴であるが，今後，国際的な連携で協力することがますます重要になり，自らのネットワークを築く等，創意・工夫・革新が不可欠である。

情報化社会は，次世代承継者の出番である。近年，ベンチャー企業であるサイボウズが老舗企業から学ぼうとしている。

1997年設立の日本でグループウェアシェアNo.1のサイボウズ㈱は老舗の理論にヒントを得て働きやすい職場を作っている。例えば，従業員の離職率が26％と高かったが，①成果主義と年功を組み合わせ②育児休暇最高6年取得できる（現在4年半が最高）③1か月に4日の在宅勤務を認める。また，④社長と同じ風土・文化で育った同郷の社員を一部入社させる等の制度化を進めたため現在は4％に減少した。ネット上での絆づくりは可能である，と主張している。また，老舗企業は情報化社会を乗り越えるためにもITのベンチャー企業からヒントが得られる可能性があり相互交流が必要である。

不測事態対応計画の必要性，これは戦略経営において'80年代よく使用された概念である。ここでは現在からは想定外であり不測の事態のようだが歴史を振り返ってみると類似した事態が繰り返されていることを意味する。つまり危機管理である。現代の歴史的出来事や自然災害を検証し，今後の不測の事態においても事業を継続するための事業継続マネジメント（BCM: Business Continuity Management）が必要である。

富士通総研では，「事業継続計画（BCP: Business Continuity Plan）策定から運用までのマネジメントサイクル全般の構築，情報システムの継続性強化，新型インフルエンザへの対応など，BCMにおけるさまざまな取り組み課題に関するソリューションを提供し，組織におけるBCM定着化に向けた支援」をシステム化している。

VII おわりに

100年以上存続する老舗企業は比較的事業承継の計画性があり，家訓や理念がない場合にも経営のノウハウが口伝され超長期の視点から身の丈を考えて経営されている，多くの危機も代々伝えられたDNAとしてマネジメントされ，祖父母が承継の教育をしているケースが多い。

老舗モデルが示すように日本の企業は規模の大小を問わず家族的な企業経営が多い。しかし，大企業と老舗企業とは行動原理が異なることが判明してきた。その岐路や基準はなんだろうか。身の丈といっても経営者の経験や度量の大きさによっても異なってくる。ただ，大きくすればファミリー内の承継者の器や教育が問われる。老舗企業やファミリー経営は単に事業の拡大を目指すのでなく，長期ビジョン，持続・承継・信頼を目指すのを目

的に，その原理を老舗の経営から学ぶことが重要である。要するにガバナンス能力である。いずれにせよ規模の大小を問わず創意・工夫・革新が大切である。いまこそ経営・家族・財産を考えた事業承継や戦略計画作成のチャンスである。ファミリー経営も老舗（家業）の永続性が参考になるであろう。ファミリー内である時機（タイミング）を見て，次世代に経営理念を作ってもらうのも一考である。そして次世代と共に将来のビジョンを作成できる関係は事業承継に最高である。今後，家やファミリーの根源性の研究が必要になる。

参考文献

○ 3代で倒産するケース。亜細亜大学では平成元年から現在までトップマネジメント講座として有名企業のトップを招き経営学部3年生の必須科目として置いてある。そのトップの講義から分析したものである。
○ 横澤利昌編著「老舗企業の研究」改定新版，生産性出版 2012年3月
○ 土屋嵩雄著「日本経営理念史」日本経済新聞社 1971年
○ 作動洋太郎・宮本又郎他著「江戸期商人の革新的行動」有斐閣新書 1978年
○ 宮本又次著「小野組の研究」全4巻 刊行会 1960年
○ 大熊 信行著「生命再生産の理論〈上・下〉」東洋経済新報社 1975年
○ 山本安次郎・加藤勝彦編著「経営学原論」文眞堂 1982年
　1989年から3年間，山本・加藤両先生を中心に集まった諸先輩や同僚と共に研究会及び合宿を重ね「経営の学」を歴史的に論理的，論理的に歴史的，すなわち，その中で生成・発展する経営存在として全体的・統一的に研究した。そこで学習・研究したことが筆者のこの小論の基底にある。
○ Adolf Berle and Gardiner Means *"The Modern Corporation and Private Property"* 1932.
○ Milton Mayeroff *"On Caring"* 1971. 田村真・向野宣之訳「ケアの本質」ゆるみ出版
　1990年「ホスピタリティ」概念を日本に導入し，その語源と関連する「ホテルとホスピタルの比較研究を行っている。この書は，「生きることの意味」を問う書物で，医療だけでなく，哲学，心理学，教育（学）そして経営（学）の存在にも展開できると思われる。
○ 浜口恵俊著「間人主義の社会日本」東経選書 1982年
○ J. Argenti *"Theory and Practice of Corporat Planning"* 1974, 古川栄一監訳（中村元一・林鉄也・横澤利昌・大河内信司訳「経営計画の理論と実践」'76年，日刊工業新聞社。
　この書には存立目的と倫理目的の重要性が記されている。
○ P. Lorang *"Implanting strategic planning"* 横澤・木谷訳「戦略計画の実行」1984
○ 清水博著「場の思想」東京大学出版会 2003年
○ 後藤俊夫著「3代100年潰れない会社のルール」プレジデント社 2009年
○ E. F. Schumacher *"Small Is Beautiful"* 1973. ここでは環境問題を考える。
○ サイボウズ㈱では4年前から毎年11月26日をいいチームの日と定め，この1年間にチームワークの良い会社やグループを表彰している。2011年はスーパコンピュータ「京」，2010年度は「はやぶさ」プロジェクト等である。そこで青野社長との面談で入手した。
○ 富士通のホームページ
http://jp.fujitsu.com/group/fri/ 2012.2.6.
○ 京都市編集「老舗と家訓」1970年
○ ㈱虎屋は和菓子の製造販売の老舗，黒川光博氏は17代社長。2010年度のファミリービジネス・ネットワーク・ジャパン（FBNJ）年度大会でFBNJ大賞を受賞している。「伝統は革新の連続である」とは常にはなすことである。
○ 菊池保壽堂は山形市にある1604年創業の老舗。2010年に経産省の調査で取材した。
○ 金剛組。BS朝日「経済×未来研究所」「老舗のパワー」において東大大学院教授伊藤元重氏と筆者対談の際の事前アンケート調査を参照した。2010年3月10日

◎ この小論は2010年9月5日 日本経営学会。統一論題で発表したものを加筆・修正したものである。

老舗とは「① 先祖代々の業を守り継ぐこと，② 先祖代々から継いで繁盛していること。また，それによって得た顧客の信用・愛顧」（広辞苑第5版）とある。それに加えて，100年以上存続している企業（家業）とした。

事業承継の知恵

小林林之助（株式会社あみだ池大黒代表取締役会長）

I　はじめに

事業承継学というのは，一体何なのか。暖簾というのは，よくわかっていたのですが，なぜそれが承継学になるのか，わからなくて，いろいろ考えてみたのですね。企業をしている者にとって相続というのは一番大きなピンチなんですね。他にいろいろ天災とか地震とか空襲とかありますけど，普通は相続の時がピンチであると。暖簾というのは1代限りでも30年たったら暖簾になります。暖簾が続くということは，暖簾そのものが一つの信用であり，財産であります。これをいかに承継していくか，ノウハウがどんどん蓄積されていく。これが大事で，皆さんが研究しておられるのは，それなんだなということが昨夜になってやっとわかってきたわけでございます。そういうところで一つ，よろしくお願いいたします。

II　小林家の系譜

まず，私どもの家系が，どのように続いてきたかということについてお話いたします。農業をしておりました初代が星雲の志を抱いて，岐阜から出てきまして，大阪の大きな米問屋で丁稚奉公をいたしました。そこで米の扱い方，その頃はお菓子のかじりもやっていまして，そこでいろいろなことを覚えました。優秀であったらしく，若くして別家をさせてもらったわけです。

2代目は，頭が優れていたように思いますが，ずいぶん勉強家で国学にも通じておりました。お嫁さんが国学者で有名な平田篤胤のところから来まして，勉強してい

写真1　明治30年ごろの店舗

ました。そして頭が冴えていて，船底からお米を集めてくるというようなことをするようになりました。長堀川の辺で米俵を積んだ千石船が来る。その船底に溜まったお米で，「おこし」をつくったということであります。この方は頭が良くて碁がうまかった。無敵といっているようですが，碁で友達をつくって人脈を広め藤田東湖先生などとおつきあいをして，死んだ時には碁仲間から，墓前に黒御影石の碁盤を贈られて今でも残っています。

写真2　明治天皇恩賜おこし積み出し

特集2
日本の事業承継 —先達から学ぶ21世紀の姿

写真3　父4代目林之助（左）と私（右）

　3代目は我々では中興の祖といわれていますが，日露戦争の時，明治天皇から「恩賜のおこし」をつくれという命を受けます。35万箱を短期間にやれと。どこもようやらなかったのが，「陛下のご注文をよう受けんとは大阪商人の恥だ」と，切腹覚悟で，じいさん，ばあさんと床の間に短刀をおいて不眠不休，一族郎党総動員して手作業で無事完納しました。3代目の時代，近所に緒方洪庵の適塾があり，そこで福沢諭吉が蘭学を習っておった。その時，3代目は福沢先生に心酔してしまい，先生について行き，慶応の特選塾員に迎えられております。そして，息子の4代目を慶応に入れたという次第でございます。

III　経営者の条件

　事業を承継するということについて，簡単に私を中心にして親父，息子，孫という形でいわせていただきますと，子どもが事業承継をしてもよいと思われる魅力ある企業にしておくことが親としての責任ではないか。親父のやっている仕事，こんなんけちくさいわ，つまらんわといわれたら承継はできません。
　もう一つ，子どもの資質を見極めることですね。これが今の我々の仕事に向いているかどうかを見定める。これが大事でありまして，自分はゴルフのプロになるといっていたらとても承継の対象にならないし，飛行機のパイロットになるとかだったら，諦めざるをえないということですね。
　子どもたちが，自分がやっている仕事に興味を抱いているな，ということがわかってきたら，その段階で後継者教育をやるのがいいんじゃないかと思います。嫌な者をつれてきて，むりやりやっても効果は上がらないと思います。後継者の教育でありますが，それは一般にいわれていますように人格の養成，広い見識，バランス感覚，旺盛な責任感，常に「指揮官先頭」にいくという感覚を持たないといけない。説得力も必要であります。そういうことをぼちぼち教えていく。

IV　経営哲学の原点

　私は旧制の甲南高校を卒業いたしまして京大に入ったんですが，その創立者である平生釟三郎先生の教育がすばらしかったと思います。普通の学校ですと知育，徳育，体育というんですが，この先生の教育では，まず体育が先に来るんですね。その次が徳育です。知育は一番後ということなんですね。とにかく体力をつける，スポーツマンになれ。スポーツマンになれば，そこにルールとか先輩に対する礼儀ができるのではないか。体力がなかったら何もできない。実際スポーツマンで名を成している人は人間的にも魅力のある人が多いですね。そういうことで，そこで個性尊重の人格教育をどんどんやられました。
　高校生に対して「世界に通用するヤングジェントルマンになれ」と。この当時，月曜日，木曜日は平生先生が直接来て，皆を運動場へ並べさせて訓示されるんですね。なかなかわからんのですよ，先生のいうことが難しくて。歳とってくるにつれて，じわじわと「なるほど，あの時，先生はこういうことをいっていたんだ」ということがやっと最近わかってきたということであります。
　一つ私の体験で頭に残っていることを申し上げますが，京大を出まして住友本社に入りました。入社式の時，全住友が集まって大勢の前で入社式を受けたんですが，そのときに最初に壇上に上がってこられたのが片足の方で，杖をついて，とぼとぼ壇上へ上がってこられました。皆を見渡してハラハラと涙を流されまして「今

事業承継の知恵
小林林之助（株式会社あみだ池大黒代表取締役会長）

日は元気のある希望に満ちた君たちを住友に迎えることができ，本当にうれしい。住友を通して国家のためにやってくれ，頼む」と絶句されて，そのままものがいえなかったんですね。これはまたすごい人だなと思いました。その時はどういう方か知りませんでしたが，後で聞きますと，その方は通勤の途中，梅田駅前の市電で小学校の子どもが轢かれそうになったところ，パッと飛んでいって助け，自分の片足を失われたそうです。後の住友商事の社長，会長になって，住友をあそこまで育てた方です。心を打たれました。

もう一つ，いよいよ実務に入ったら，部長がいわれました，「君たちは今，ここで，この帳面のこっちから伝票をこうやって，やってもらっているけれども，それはこっちにいる女の子の方がはるかに上手や。では，なぜそういうことを，今，してもらうか。そんなつまらんことと思っていたら会社を，すぐ5月ごろになるとやめたいと思うようになるけれども，その時に君たちは自分たちの上役のやること，考えていることを絶えずみておけ，自分が，もし課長だったらあの問題はどう解決するか。我，もし部長ならば，こんなことをいってるけど，あれはどう思うかを絶えずみておけ。そしたら君たちの夢はどんどん広がっていくんだ。我，もし部長なりせば，社長なりせば，総理大臣なりせば，どうだということを絶えず考えてやっていけ」と。この言葉は強く印象に残っております。

「海軍の教育」，士官を養成することはこれも一つの事業承継ではないか。職業軍人になるわけですから承継ではないか。海軍の教育はすばらしかった。

例をあげるとたくさんありますが，その中で一つ二ついいますと，はじめの3カ月間は肉体的にものすごく鍛えられる。その後は士官としての心得を教育される。海軍では5分前の精神があります。船が出るものですから遅れたら絶対にだめ。何事においても整列する時には5分前にはピシッとして整列して「よろしい」と報告します。ある日曜日に外出から帰ってきて整列していたら一人が，少し遅れて後ろから，こっそり列に入って来た。それを隊長はみつけて「コラッ，今の卑怯な男出てこい」。前に出て来るや投げ飛ばして足で体を踏みつけて

写真4　海軍士官時代の私

パシッ，パシッと鞭で殴りつけた。時間は6時，冬ですから真っ暗で，ただムチの音だけがパシッ，パシッ，パシッと。「えらいことやられてるな」と，恐くて我々震え上がっていました。後で「どうやった？」と聞くと，「あれはな，足蹴にして，足で抑えられて，仁王さんみたいに。自分の履いている皮の長靴をムチでパシッ，パシッ，パシッと叩いていた」といいます。我々は本当に戦友が叩かれていると思って身の引き締まる思いがしたんですが，それを聞いて，なるほど，人の叱り方，そういうもんかなと思って，心に残っております。

別のエピソードを挙げます。落下傘部隊，パレンバンとか，油田地帯に油を確保しにいかないといかんという時，そこへ地上から攻めていったら，鉄砲や大砲で製油設備を壊してしまったらいけないので，空から落下傘で降りる。その隊長さんがいっていたのですが，当時，落下傘は絹でつくられていて，今のように気圧の変化でパッと開くようなものではない。隊員がたくさんいるんですが，一回練習すると1割は落下傘が開かないでドスンと落ちてしまって，死んでしまうんです。100人やったら10人の落下傘が開かない。落下傘部隊では落下傘を皆，自分で折る。開かなかったら自分の折り方が悪い

んですから誰にも文句をいえない。そういう訓練をしていた。そうすると，そのうちに兵隊たちが洗濯していると，ふんどしに皆，血がついている。自分もそうでしたが，血の小便とは，こういう時に出る。隊長さんがいう，「戦う前に兵隊を殺すというのは指揮官として忍びなかった」，「酒は涙かため息かといって飛び下りた」と。こういう話を聞いて，軍人精神は強いなと思いました。

　最後にもう一つエピソード。我々の教官は2年上の先輩で，優秀な人が教官になって教えるんですね。我々と寝食を共にして。我々の好きな先輩に相浦さんという方がいて，東大出の優秀な方で，皆，敬愛していました。その方が我々の卒業後，航空母艦「雲鷹」の主計長になって行かれました。そこで自分の教え子が転勤でシンガポールから内地へ帰る時に一緒になった。当時，ライフジャケットは定員分しか置いていない。便乗者にはないんです。それが魚雷にやられた。そうした時に「おい，俺のジャケットをお前着ろ。お前，生き残れ」。ずいぶん押し問答して「俺はこの艦と運命を共にする」。軍服を着て軍刀もつけて「お前はこのご真影を奉持して帰れ。そして生き残って日本のために尽くせ」といわれた。これも非常に心を打たれたものであります。

　海軍では，「五省」というものを毎晩，寝る前に大声で斉唱します。「至誠に悖るなかりしか。言行に恥ずるなかりしか。気力に欠くるなかりしか。努力に憾みなかりしか。不精に亘るなかりしか」。私も時々，ちょっとたるんどるなと思ったら，これをみて自分を叱咤激励しています。

V　幾多の危機を乗り越えられた要因は

　私は海軍に行っておりましたが，その間に親父は病気で死んでしまいました。そして工場が戦災で全焼して何もかもなくなった。戦後，相続税，財産税とか食糧危機とか新円切り替え，ものすごいインフレ，そういう時に皆さんに大変お世話になったということですね。最後に阪神大震災で，ここでも工場が被災して機械が皆だめになってしまった。その時に自宅には98歳の私の母が寝ており空けるわけにいかず，息子と孫が自転車で飛んでいって被害状況を報告。「これはあかんで」「あかんやないか。そんなこというたって。至急復興せよ。とにかくお客様にご迷惑をかけんように。残っている商品を何とかしてやれ」と。二人が一生懸命働きました。工場のある西宮浜団地は人工島で，橋がすべてつぶれてしまい陸の孤島になっており，ほとんどの社員は船で集まってきて，船で商品を大阪港の借り倉庫に運び，百貨店やその他の得意先に納品した。他の業者が，「もうあかんで，大黒は。再起不能やで。納品できへんから，うちの商品入れてください」といってまわっていると。その後に息子が行って「切らしません」と。そこで信用を引き止めたということがあるんです。それなどを見ておりまして「これはもう十分，後継者としていける」とみまして，私はそこで社長を譲ることを決断した。大きな一つのチャンスであったわけです。それは結局，全社員の愛社精神，暖簾に対する愛着，商品に対する愛着，地元の方々，取引業者の方々のご協力，ご支援があったということで，皆さんからお世話になっている，これを絶対忘れてはいけないという感謝の気持ちが生まれました。

VI　今後の後継者たちへの言葉

　まず後継者は自分の事業に自信と誇りを持ってほしい。そして常に一緒に仕事をしてきた先輩たちに対する報恩・感謝の気持ちを忘れてはいけない。それから自分の育った故郷への愛着，国家に対する誇りを持て，ということです。それからもう一つ，暖簾というものは，風にそよぐ葦である。高校の先生が卒業する時にいってくれたんですが，「きちっとした看板だったら台風が来たら，いっぺんに吹き飛んでしまう。暖簾は風が来れば，ふらふらする。それが暖簾のよさである」と。「ただしその時には根本を忘れてはいかん。基本をしっかり持って根をしっかり持って，あとはなんぼ揺れてもええ。揺れるほど暖簾は大きく育っていく」ともいわれた。「基本を忘れるな」ということ。これは今も大切にしております。

事業承継の知恵
小林林之助（株式会社あみだ池大黒代表取締役会長）

　もう一つ「暖簾にあぐらをかくな」ということです。たえず新しいものを求めて積極性がなければいけないということです。好きな言葉に「温故知新」というものがあります。特に阿川弘之さんがいわれた解釈、古きをたずねる。歴史を、あっちの角度からもこっちの角度からもみて、そこに新しさが出る。スープを、ぐるぐるとかき混ぜていると、そこにまた新しい味が出てくる。そこから新しさをみつけて、進むべき道を考えろ、ということであります。そういう歴史の解釈を私は好みます。

　そして事業承継とともに日本の心、和の精神、これも承継していかないといけないのではないかと思うわけでございます。これは京大の中西輝政先生がよくいわれることですが、それも忘れないでいてほしいと思います。

　最後に、承継の場合は、リレーの時にバトンタッチするわけですが、その時は助走期間が長いほどよい。後継者には初陣で勝利の体験をさせる。負け戦はあかん。だから何とかして、盛り立てて、勝った、勝ったと、そうして自信を持たせないといけないということです。

　絶えず、すばらしい時代感覚を持て。若い人の感性はすばらしい。虎屋さんが暖簾をかけかえられましたね、最近。もともと、「虎屋の暖簾」は黒い。それは暖簾の信用と重さを感じると。それが若い社長が来て、新しい店を出して「こんなんではあきまへん」と逆転の発想で白い暖簾にしてみた。それが非常に受けています。暖簾は固定するものではなく、絶えず時代にあわせて変えていくことが重要ではないかなと思った次第です。なんせ私のところは「でんぼと菓子屋は大きくなれば、つぶれる」ということをいわれてきたものでありますので、株式会社イシダさんのように国際的な視野で新しく活躍しておられるところとは月とスッポンで、こんなことしかいえません。何かのヒントになりましたら幸いです。

論　文

ファミリービジネス論における事業承継

後藤　俊夫（日本経済大学渋谷キャンパス教授）

要旨

ファミリービジネスにおいて承継は最大の課題とされ，多くの先行研究ならびに実践事例が蓄積されてきた。先行研究は承継において現経営者が果たす役割と課題から始まり，次世代に関心が拡大した後，両者ならびに利害関係者との関係性にに焦点が移行してきた。しかし，両者の関係においては，調和に重きがおかれ，対立的関係は否定的に認識されてきいる。本論は，承継を時代に適合した変身の節目と位置づけ，両者の対立こそ市場の変化に対応したイノベーションを促進する要因として肯定的に位置づけ，事例研究を用いて実証する。本論は，先行研究レビュー，事例研究，分析，インプリケーション，結論から構成される。

Succession in Family Business Research

GOTO Toshio, Japan University of Economics

abstract

This paper addresses the relationship between the current manager and the next generation of a family business from the family business perspective. It focuses upon the conflicts between the generations and specifically on its positive impact upon successful succession. The paper is composed as following: First, literatures are reviewed in the relevant area. Second, relationship between the current and succeeding generations are analysed with special emphasis upon the conflicts between them and their impacts upon the succession. For the analysis, a case of a succession in two-century old brewery is presented. Third, the conclusion is brought about the positive impact of the conflicts between the generations to stimulate innovation and revitalization of the family business under certain conditions. The paper is concluded with implications of the research, contributions and future researches required.

Key Words: 承継，ファミリービジネス，コンフリクト，イノベーション　Succession, family business, conflict, innovation

I 問題提起

本論は、事業承継を成功させる上で必要な現経営者と後継者の関係性に関し、ファミリービジネス論の視点で接近する。まず事業承継の論点を先行研究レビューに基づき明らかにし、特に父＝息子の承継における対立意識に焦点を合わせ、その肯定的側面を指摘する。

II 先行研究レビュー

本節では、ファミリービジネス[1]（以下、FBと略称）の概要と特徴ならびに事業承継に関する主な先行研究を整理し、本研究の論点を明らかにする。

FB研究は1950年代に誕生した若い分野であり、FBの定義[2]は「所有または経営において創業者一族の影響下にある企業」であるが、その詳細は確立に至っていない。

さて、FBの特徴として、次の4点が指摘されてきた。第1に、FBが一般企業と異なる最大の要因はファミリーの存在であり、FBはファミリー、所有ならびにビジネスの3要素から構成される3円モデルとして認識される。所有とビジネスの2要素から構成される一般企業と比べると、FBは企業規模の大小にかかわらず、企業経営は複雑かつ困難である。それは、ファミリー要素が、所有ならびにビジネスの3要素の円滑な調整メカニズムが経営の可否を大きく左右するためである。

第2に、FBは創業以来の時間的経過に従って複雑度が量的かつ質的に増加する。FBの第1段階は創業者の時代、第2段階は兄弟の時代、そして第3段階は従兄弟の時代と呼ばれる。段階を経るにつれて、同一世代におけるFB関係者は量的に増加し、かつ相互の利害や価値観が異なるため質的な複雑さを増す。

第3に、FBの一国経済に占める大きさと業績優位性である。米国ではFBが企業数の89％、GDPの64％、雇用の62％を占め（Shanker & Astrachan, 2003）、大企業でもFortune500社の37％をFBが占める。先進国・途上国とも、FBは重要な存在である。

またFBの一般企業に対する業績優位性は多くの研究が指摘してきた。例えばAnderson & Reeb（2003）はS&P500（銀行及び公益企業を除く）を対象として分析し、FBが収益性（ROA及びROE）で一般企業を上回ると指摘した。

第4に、FBの短命性である。創業者から2代目に承継される比率は1/3であり（Beckhard & Dyer, 1983）、同一ファミリー内で3代目に承継される比率は10％である（Handler, 1994）。米国のFBは平均社歴が24年で、事業承継の難しさを示唆している。

こうしたFBの特徴は、資源ベース理論が指摘する希少かつ模倣困難なファミリー性（Habberson & Williams, 1999）の他、エージェンシー理論、社会関係資本、スチュワードシップ、利他主義などの理論的枠組みで説明される。

なお、我が国におけるFB研究は2000年以降に始まった状況で、研究成果の蓄積は乏しいが、海外諸国と比較して興味ある事実が明らかになりつつある。日本経済に占める比重では、企業数（97％）、常用雇用者数（74％）とも諸外国より高く、FBの平均社歴（52年）は米国の倍以上である（後藤, 2006）。また、FBは東証1部上場企業の42.7％を占める（倉科, 2003）。本論の主題である承継を含め、海外との相違に関する研究成果の発信が期待されている。

以下では事業承継に関する先行研究を吟味し、本論の着眼点を明らかにする。まずFBにおける承継は創業者／オーナー経営者から後継者へのリーダーシップの引き継ぎ（Beckhard & Burke, 1983）と定義され、一般的に最高経営レベルにおけるリーダーシップの交代（Alcorn, 1982）を意味する。リーダーシップは所有並びに経営の

2軸で区分される（Barry, 1975）が，創業家メンバー及び専門的経営者における両者の組み合わせは多様である（Handler, 1994）。

承継を主題とする先行研究は，当分野を代表するFBR誌に1988-97年に掲載された論文の9割以上を占めていた。この比重は1996-2003年では22％に低下したが，業績およびガバナンス関連の論文数を凌駕して現在に至っている（Zahra & Sharma, 2004）。

初期の承継研究は焦点が創業者に集中していたが，1980年代に入り，配偶者（Danco, 1981），息子及び娘（Patrick, 1985）へと関心が広がり，父－息子の関係（Davis, 1982），一族成員間の摩擦（Davis, 1982）へと後継者の研究が進んだ。承継は一瞬のイベントではないと認識されるにつれ，研究の対象は承継プロセスへと移行した。

承継プロセスは，創業者／現経営者による経営，後継者の参画，パートナー段階ならびに権限移行の4段階に区分される（Churchill & Hatten, 1987）。両世代の役割の変化交代又は役割の相互適応（Handler, 1990），役割調整プロセス（Handler, 1994），更には突然の死によるプロセス崩壊（Herz Brown, 1993）が指摘されている。

こうした経過を経て，承継における阻害要因の分析ならびに承継モデルの構築が重要テーマとなった。Handler（1992）は，後継者を個人レベルと利害関係者間の関係性に区分して，承継に及ぼす影響を明らかにした。前者は個人のキャリア，アイデンティティ確立，ライフステージの充足，ビジネスに対する影響力が主である。後者は，世代間の尊重・理解，兄弟間の協力関係，一族としての継続に対するコミットメント，成員間の離別体験が主である。

O'Boyle et al.（2008）は，ファミリー内部における経営承継の阻害要因として，現経営者及び承継候補者の個人レベルの要因，両者の関係性要因，環境要因，財務的要因ならびに承継プロセス要因の5点を挙げ，承継失敗の直接的原因に与える影響のモデル化を試みた。

このように，承継の阻害要因は利害関係者，特に現経営者と後継者の個人レベルと関係性に大別される。本論のテーマである後者，中でも父＝息子の関係性に着目すると，O'Boyle et al.（2008）は，両者の関係性要因として親子関係における摩擦・敵意・競合，一族における敵意・競合を指摘している[3]。父＝息子の対立は，支配，権限，競争に起因する（Rosenblatt et al., 1985）。息子は父からの独立を志向し，同性間のライバル意識が存在する。同性間の承継は対立関係を伴う事例が少なくない（Davis, 1982 他）。

一方，兄弟のライバル意識は承継プロセスに傷を生じる場合も少なくないにも関わらず，否定的に捉える必要はなく（Galinsky & David, 1988），むしろ知的ならびに感情的発達を促進する建設的な役割がある（Ross & Milgram, 1982）と肯定的な側面も指摘されている。

しかし，父＝息子関係の対立を肯定的に評価した先行研究はなく，むしろ否定的である。確かに，ビジネスは父＝息子関係の延長であり，その関係をビジネスは増幅する（Jonovic, 1982 他）ため，両世代の関係は，最悪の場合は父側の批判，審判，保守主義，支援の欠如，自己愛，信頼の欠如を招く。

しかし，兄弟間の対立に肯定的側面があるとすれば，父＝息子間においても同様の側面が存在するのではないだろうか。あるいは，父＝息子間に頻繁に見られる対立関係が建設的な効果を発揮する条件は何であろうか。承継問題はもっとも重要なテーマのひとつとして，現経営者および後継者を中心に研究が蓄積されてきた。しかし，両者の関係性に関する研究はまだ少ない。そこで，本論では現経営者と後継者の関係性に焦点をあて，特に父＝息子間における対立関係を分析し，事業承継の成功要因分析の一端とする。

Ⅲ 分析

　承継プロセスは現経営者から後継者への役割の交代又は相互適応（Handler, 1990）である。Handler（1994）の役割調整プロセスによれば，現経営者が単一支配者としての存在から，君主（部下を通じた統治），権限移譲を経て顧問的存在へと引退する一方，後継者は特定の責任をもたない無任所としての見習い段階から始まり，助手，一定の管理者としての経験を積んだ後，CEO（最高経営責任者）に就任する。ここで重要な点は，まず後継者が次の段階で能力を示し，それを現経営者が評価・承認した後で次の段階に進む順序であり，常に現経営者が後継者よりも一歩遅れて次の段階に移行している。

　ここに見られるのは，初期の FB 研究が想定していた承継における現経営者の主導性と反対に，後継者のプッシュで現経営者が一歩遅れて次の段階に移行する姿である。現経営者の変化に対する恐怖，承継による権威喪失に対する拒否感と共に，従来の経営スタイルならびに戦略に対する執着も背景要因として存在する。

　Levinson（1974）は創業者が選んだ後継者[4]が失敗するリスクを警告している。それは，事業環境が変化しており，自分と異なる役割と能力が後継者に求められている事実に気づかないリスク，及びライバル意識が強く自分より優れた候補者を拒否するリスクである。創業者を現経営者と読み替えると，父＝息子間の対立関係に関する示唆が見出される。父である現経営者は息子に敗北することを恐れているのである。

　FB は時代環境の変化に対応したイノベーションが難しく，後継者の選定基準として新規性に対する感性が指摘されている。したがって，承継は従来の伝統を単に維持するだけでなく，むしろ承継を節目として事業を拡大・飛躍する戦略が求められる。

　このように承継を取り巻く環境を理解すると，両世代間の意見の相違は歓迎すべき内容も含んでいる。最も望ましい父＝息子関係は，"父が強烈な欲望を顕示し，会社に対する強い帰属意識をもち，息子には持てる能力の全てを駆使して成長する姿を見守る"（Davis, 1982）関係とされる。しかし，反対に"息子が強烈な欲望を顕示し，父に持てる能力の全てを駆使するリーダーシップを求める"関係は存在しないだろうか。

　2011 年東日本大震災時，岩手県陸前高田市の㈱八木澤商店（創業 1807 年，醤油味噌醸造業）では本社，工場が津波で全壊した直後，8 代目当主・河野和義（67 歳）から息子・通洋（37 歳）に経営承継された。その経緯に関連して，8 代目はブログに"瓦礫の山を直視して…廃業と言ったが息子は許してくれなかった。息子は，「再建する，必ず。だから社員は解雇しない。会社も町も復興する」と言い切った。そう思ったけれど，不安がぬぐいきれない"と記している。息子は"八木澤が倒れれば，地域全体が沈む。非常時には若いエネルギーが必要。"と 1994 年以来社長を続ける父に社長交代を訴えた（篠原，2011）。

　以前から日常的経営の主体は河野通洋に移っており，彼は早くも 5 月に復興ファンドの発足及び生産委託品の販売，自前工場の建設による 10 月の生産再開を推進した[5]。更に 9 月末には地元 5 社と共同で「なつかしい未来創造㈱」を発足させ，地域復興を目指し 6 事業の創業，雇用創出及び若者の起業促進に邁進している。

　この事例には，承継の当事者である両世代の関係性に重要な要素が少なくとも 4 点含まれている。第 1 に，父と息子の今後の経営をめぐる基本的な意見の対立である。息子は操業・雇用の維持を堅持し，廃業を決意した父が説得され，承継を承諾した。第 2 に，父と息子は地域貢献などの価値観を共有していた。祖父も父も地域リーダーとして活動し，息子も同じ道を歩んできた。第 3 に，相互の濃密なコミュニケーションである。"電撃的"承継と報道されているが，実際は長期にわたり承継

を話し合い，何時でも承継を実行できる状況にあった。第4に，両世代のライフステージである。良好な仕事上の関係を実現するには父親が50歳代で息子が23-32歳という組み合わせが最良である（Davis, 1982）。本事例は，双方のライフステージが調和しにくい組み合わせにも関わらず，承継は円滑に行われた。

ファミリービジネスの長期持続にとって，関係者とりわけファミリー・メンバーの結束（cohesion）が重要である（Pieper, 2007）。組織における結束は"人々が一体感と目的の一致を感じ，共通の目標に向けて協働する経験を可能にする心理的状態"（Hartman, 1981）と定義される。したがって，価値観の共有が極めて重要となる。それが欠ければ基本的な意見の違いは収束できず，コミュニケーションも一定の深みに到達しないからである。

また，組織内の対立には，課業，関係性，プロセスに関する3種類がある（Jehn, 1997）中で，本事例は課業（業務やビジネス）に関する対立であり，関係性（対人関係・感情）ではなかったので，経営方針の違いが感情的対立に至らなかったと考えられる。

承継の成功度を研究したVenter et al.（2005）は，事業承継後の収益性が現経営者と後継者の関係性に正の関係があり[6]，両者の関係性はファミリーにおける人間関係の調和に影響を受けていると指摘した。なお，ファミリーの和は5項目（メンバー間の配慮，信頼，尊敬，オープンなコミュニケーション，感謝），現経営者と後継者の関係性は3項目（現経営者との関係性，現経営者との協働を好む，現経営者と情報を共有する）で測定しており，対立を示唆する項目は考慮されていない。

確かに，相互の尊敬に代表される両世代間の関係性は，知識，社会関係資本，ネットワークの円滑な移転を可能にする（Steiner, 2001）が，イノベーションを推進するには両者のこうした関係性は阻害要因にもなり得る。なぜならば，経営者は時間的経過と共に保守的な傾向を強め（Sharma et al., 1997），それは起業家活動に付随する失敗リスクを回避する（Morris, 1998）ためである。

21世紀のファミリービジネスを取り巻く経営環境はダイナミズムと共に不確定要素を増大している。そこで，ファミリービジネスが事業機会を発見・活用するには，起業家精神の高揚が強く求められる（Sirmon & Hitt, 2003）。急速かつ効果的な変化ができる企業文化が起業家活動を推進する上で極めて重要（Zahra et al., 2004）であり，企業のリスクをとり変化を進める前向きの姿勢が起業家活動と連動して認識されてきた（Miller, 1983）。

急速な成長を遂げたFBでは市場対応が迅速（Teal et al., 2001）で，柔軟性及び新しいアイデア追求の重要性が示唆されている。しかし，ファミリー・メンバーは企業の戦略的な位置に感情的な愛着を持つ場合が多く（Miller et al., 2003），それによって生じる硬直性が，FBを取り巻く状況の変化に必要な柔軟性の阻害原因となる（Duncan, 1973）。変化に抵抗し，イノベーションを脅威とみなすと，企業は環境の変化への対応が難しくなり（Miller & Friesen, 1982），惰性的な傾向が強まる。Kellermanns & Eddleston（2006）は，変化に対する前向きな姿勢がファミリービジネスの起業家活動と正の相関関係にあり，また中間変数として戦略計画の存在を指摘している。

今回の事例に戻ると，先代が息子の基本方針を是認しつつ，その具体策が思い当らなかった点に着目する必要がある。一方，息子は承継後，早急に事業再建計画に着手するばかりか，地域復興も積極的に推進している。先代は従来の経営を超えた発想に思い至らず，惰性的な傾向が見られる。ここに父＝息子の対立が存在し，この対立なくしてイノベーションに結び付く承継は困難であったに違いない。

変化に対する前向きの姿勢はイノベーションを促し

（Kargozoglu & Brown, 1988），組織としての順応及び長期的な生存力を支援する試みを促進する（Hedberg, 1981）。したがって変化に対する前向きな姿勢は，"競争的位置の変化あるいはイノベーションの強調による，事業の再活性化を意図した諸活動（Zahra, 1995 他）"である起業家活動を促す関係にある。

また，未知の要素が多く事業機会に満ちた経営環境におかれたファミリービジネスは，安定した経営環境下のファミリービジネスよりもイノベーション志向が強い（Blake & Saleh, 1995）。しかし，全ては変化に対する前向きな経営者の存在が前提であり，変化に抵抗し変化の方向性が察知できない経営者の存在は，イノベーションの推進を阻害する要因となる。

この事例に見られる両世代の対立は新事業機会を追求するイノベーション志向と従来の経営との対立に他ならず，これがなければ次世代が現在経営者を乗り越えて，時代の変化に適応した経営の進化は実現できない。しかし，創業者が後継者を選ぶ場合，自分に類似した役割と能力をもち，自分より劣った候補者を選ぶ傾向が指摘されている（Levinson, 1974）。

承継は，次世代が現経営者を乗り越えるプロセスである。事業環境の変化に対応せず，次世代に対するライバル意識に根差した承継では，経営は進化しない。反対に，事業承継を節目として躍進してきた事例は少なくない。特に第二創業または中興の祖は，共に過去とは非連続の事業展開であり，次世代が現在経営者を乗り越えた結果を示している。

事業の成長と長寿性の両立が難しいのは，過去60年において独立性を維持して生き残ったファミリービジネスは全体の15％に過ぎず，その2/3は成長をしてこなかった（Ward, 1987）現実で明らかであり，欧州のファミリービジネスでも同様である（Benson, Crego & Drucker, 1990）。世紀を越えた企業の長寿性を実現するには，経営環境の変化に対応した自己進化が欠かせず，ビジネスの承継は自己進化を重要な内容とする必要がある。まさに適者生存の理であり，環境変化に対応しないFBは存続できない（Handler & Kram, 1988）。

本論は，父＝息子の対立を無条件で称賛しているのではない。両者が創業者以来続く創業者精神を中心とする価値観を共有し，意見の対立が感情的対立に変質せず，相互を認め合い，尊重する関係性並びに濃密なコミュニケーションが前提である。志を共有した同志的批判と表現しても良いであろう。

価値観を共有する友好的あるいは同志的な競争は敵対的な競争・対立とは性格が根本的に異なる。友好的競争は同一の企業理念を実現する方法論の違いに基づくのに対し，敵対的な競争は感情問題などを典型とした相手を否定する対立である。前者は企業を前進させる効果を生じ得るのに対し，後者は企業を後退させる結果を招く。

IV 結　語

本論は，第1にわが国では馴染みの少ないファミリービジネス論の概要を紹介した。第2に，現経営者と後継者の関係性に焦点をあて，相互の対立を敵対的対立と同志的対立に区別し，後者を肯定的に評価した。得られた学術的知見は，実務的にも承継を円滑に進めるうえで一定の貢献が期待される。我が国のFBでも世代間対立は珍しくないが，それを効果的な承継につなげる上で，本論は有効な示唆を与えるであろう。

今後の研究課題として，ファミリービジネス論の国内事例への適用性に関する吟味が喫緊の課題である。承継問題では創業家内部・外部における承継に区分し，その成功要因の明確化が学術的ならびに実務的に求められている。

注

1) Family business と family firm という用語は互換的に用いられるが，本論では前者に統一する。
2) わが国の法人税法で定められている「同族会社」は，本論の FB とは必ずしも同一ではない（後藤，2005）。
3) その他，現経営者／承継候補の力関係が承継に及ぼす影響（Brun de Pontet et al, 2007）が指摘されている。
4) 挙げられた選択基準を右記する：インテグリティとビジネスに対するコミットメント，ファミリー以外の従業員の尊敬を得る能力，意思決定能力，経験，人間関係スキル，インテリジェンス，自信（Handler, 1989）。
5) 2011 年 10 月 3 日筆者ヒヤリング。
6) 他の要素として，後継者の承継意欲，準備状況と現経営者がある。

参考文献

- Alcorn, P. (1982) *Success & Survival in the Family-Owned Firm*, New York: McGraw-Hill.
- Anderson, R. & Reeb, D. (2003) "Founding-Family Ownership & Firm Performance: Evidence form the S&P500," *The Journal of Finance*, 1301-1329.
- Barry, B. (1975) "The Development of Organisation [sic] Structure in the Family Firm," *Journal of General Management*, 3, 42-60.
- Beckhard, R. & Burke, W. (1983) "Preface," *Organizational Dynamics*, 12, 12.
- Beckhard, R. & Dyer, W. (1983) "Managing Change in the Family Firm—Issues & Strategies," *Sloan Management Review*, 24, 59-65 .
- Brun de Pontet, S., Wrosch, C. & Gagne, M. (2007) "An Exploration of the Generational Differences in Levels of control held among Family Businesses Approaching Succession," *Family Business Review*, 20(4), 337-354.
- Churchill, N. & Hatten, K. (1987) "Non-Market-Based Transfers of Wealth & Power: A Research Framework for Family Businesses." *American Journal of Small Business*, 11(3), 51-64.
- Danco, K. (1981) *From the Other Side of the Bed: A Woman Looks at Life in the Family Business*, Cleveland: The University Press.
- Davis, J. (1982) *The Influence of Life Stage on Father-Son Work Relationships in Family Companies*, Unpublished doctoral dissertation, Harvard Business School (cited in Handler, 1994).
- Galinsky, E. & David, J. (1988) *The Preschool Years*, New York: Times Books.
- 後藤俊夫（2006）「静岡県におけるファミリービジネスの現状と課題」『実践経営』43。
- Habberson, T. & Williams, M. (1999) "A Resource-Based Framework for Assessing the Strategic Advantages of Family Firms," *Family Business Review*, 12(1): 1-25.
- Handler, W. (1990) "Succession in Family Firms: A Mutual Role Adjustment Between Entrepreneur & Next-Generation Family Members," *Entrepreneurship: Theory & Practice*, 15(1), 37-51.
- Handler, W. (1992) "The Succession Experience of the Next-Generation," *Family Business Review*, 5(3), 283-307.
- Handler, W. (1994) "Succession in Family Business: A Review of the Research," *Family Business Review*, 7(2), 133-157.
- Handler, W. & Kram, K. (1988) "Succession in Family Firms: The Problem of Resistance," *Family Business Review*, 1(4), 361-381.
- Hartman, J. J. (1981) "Group Cohesion & the Regulation of Self-esteem," In H Kellerman (Ed.), *Group Cohesion: Theoretical & Clinical Perspectives—1981—*Grune & Stratton.
- Herz Brown. (1993) "Loss & Continuity in the Family Firm," *Family Business Review*, 6(2), 111-130.
- Jehn, K. A. (1997) "A Qualitative Analysis of Conflict Types & Dimensions in Organizational Groups," *Administrative Science Quarterly*, 42, 530-557.
- Jonovic, D. (1982) *The Second Generation Boss*. Cleveland, Ohio: The University Press.
- 倉科敏材（2003）『ファミリー企業の経営学』東洋経済新報社。
- Levinson, H. (1974) "Don't Choose Your Own Successor," *Harvard Business Review*, 52, 53-62.
- Miller, D. & Friesen, P. H. (1982) "Innovation in Conservative & Entrepreneurial Firms: Two Models of Strategic Momentum," *Strategic Management Journal*, 3, 1-25.
- Ernest H. O'Boyle, Jr., Matthew W. Rutherford & Jeffrey M. Pollack (2010) "Examining the Relation Between Ethical Focus & Financial Performance in Family Firms: An Exploratory Study," *Family Business Review*, Volume 23: Issue 4, December 2010.

- Patrick, A. (1985) "Family Business; The Offspring's Perception of Work Satisfaction & Their Working Relationship with Their Father," Unpublished doctoral dissertation, The Fielding Institute. (Cited by Handler, 1994)
- Pieper, T. (2007) "Mechanisms to Assure Long-Term Family Business Survival", *European University Studies*, Frankfurt am Maim: Peter Lang.
- Ross, H. G. & Milgram, J. I. (1982) "Important Variables in Adult Sibling Relationships," In M. E. Lamb & B. Sutton-Smith (Eds.), *Sibling Relationships: Their Nature & Significance Across the Lifespan* (pp. 123-152). Hillsdale, NJ: Erlbaum.
- Rosenblatt, P. C., De Mik, L., Anderson, R. M. & Johnson, P. A. (1985) *The family in business*, Jossey-Bass.
- Shanker, M. & Astrachan, J. (1996) "Myths & Realities: Family Businesses' Contribution to the US Economy —A Framework for Assessing Family Business Statistics," *Family Business Review*, 9(2), 107-124.
- 篠原匡 (2011) 200年以上続く老舗社長が語る「陸前高田も会社も無くなりました」『日経ビジネス』2011年3月15日号。
- Sirmon, D. G. & Hitt, M. A. (2003) "Managing Resources: Linling Unique Resources, Management & Wealth Creation in Family Firms," *Entrepreneurship Theory & Practice*, 27(4), 339-358.
- Teal, E., Upton, N & Seaman, S. (2003) "A Comparative Analysis of Strategic Marketing Practices of High-growth U.S. Family & Non-Family Firms," *Journal of Developmental Entrepre-neurship*, 8(2), 177-195.; Aug 2003; 8, 2; ABI/INFORM Global pg. 177.
- Venter, E., Boshoff, C. & Maas, G. (2005) "The Influence of Successor-Related Factors on the Succession Process in Small & Medium-Sized Family Businesses," *Family Business Review*, 18(4), 283-303.
- Zahra, S. & Sharma, P. (2004) "Family Business Research: A Strategic Reflection," *Family Business Review*, 17(4), 331-346.

事業継承におけるドメイン変更要因について
―高知県の建設業のケースからの考察―

末包厚喜（高知工科大学教授）

要旨

企業の存続には事業の継承が必須である。そのため，ドメインの変更を必要とする場合がある。建設業から日本茶を中心とする食品事業へと展開した企業は，どのようにドメインを変更・拡大し，また出来たのか。背景であり，ベースとなった要因の分析を試みる。本稿では，ここ数年の老舗企業研究で得られた知見をベースにこの課題についての議論を展開する。高知県の中山間地域で建設業を営む国友商事は，建設不況が進行する中，茶事業に進出し，食品の領域へと事業ドメインを拡大した。さらに，中産間地域で栽培され，収穫される農産物を中心とする産品の販売へと拡大を志向し，「山業」の確立を目指している。茶事業への進出は，初代社長から現社長へバトンパスされる中で行われた。本業の建設業は継続しながらも，新分野での事業を可能にしたものは何だったのか。その要因について，国友商事のケースから考察する。

On Factors in Domain Change for Business Succession
A Consideration from a Study on a Construction Company in Kochi

SUEKANE Atsuyoshi, Kochi University of Technology

Abstract

Business succession is crucial for an enterprise's sustainability, for which domain change / expansion is sometimes required. The case explores how a construction company changed / expanded their domain, and how it made possible to start a tea business, with analyses on factors as well as their business background. Kunitomo Shoji K. K., that has been doing a construction business since 1971, is located in a mountainous area, and started a tea business, under the recession of construction industry, and also explores "Yama-gyo" business. This paper, based on a series of research works on long-standing companies, discusses how it became possible.

Key Words: 事業の承継，存続，ドメインの変更，山業，老舗企業　business succession, sustainability, domain change, yama-gyo, long life company (shinise)

I　はじめに

　帝国データバンクの企業概要データベースには約130万社の企業データが収められている（後藤2011：9-13）。そこから，宗教法人や財団，社団その他の公益法人や学校，医療機関を除いた約124万社の平均年齢は40.5年である（帝国データバンク史料館・産業調査部2009：3-6）。新しい企業がどんどん誕生し，且つ，既存企業も含めて，持続・成長していけばこの平均年齢は上がっていく。一方，『日経ビジネス』誌などでは，「企業の寿命は30年」とする見方も報じている（『日経ビジネス』2009：22）。日本の企業の倒産件数は，同じく，帝国データバンクのデータでは2010年で11,658件である。月平均，およそ1,000件である。このようなデータを見る限り，企業の存続は困難と言わざるを得ない。しかし，このようなデータとは無縁とも思える長寿企業も数多く存在する（帝国データバンク史料館ガイドブック2008:30）。

　　100年以上の長寿企業　20,304社
　　200年以上の長寿企業　1,241社
　　300年以上の長寿企業　582社
　　400年以上の長寿企業　154社
　　500年以上の長寿企業　34社

　企業経営の厳しさについて，あらためて述べる必要はないであろう。企業の平均寿命や倒産件数のデータを見る限り，確かに厳しいのである。しかし，長寿企業のデータを見ると，これまで幾度となく訪れた経営環境の変化や，企業内部の諸問題を乗り越えて，企業を存続させてきた企業の存在を看過することができない。たとえば，創業以来300年を超える企業を考えてみよう。300年の昔というと西暦1711年で正徳元年になり，徳川幕府は将軍綱吉の没後，6代家宣が将軍職であった時代である。大きな政治経済，社会の波，すなわち，経営における環境変化を数えてみても，明治維新，第一次・第二次世界大戦，オイルショック，ウルグァイ・ラウンド，さらに最近のリーマン・ショックなど，さまざまな波による変化・変動を体験し，くぐり抜けている。老舗と呼ばれる長寿企業は存続のためのさまざまな知恵を蓄え，後継の経営陣に継承し，荒波を乗り越えてきたのである。

　今回，取り上げるケースは，先に述べたような長寿企業ではない。しかし，経営環境の激変の中で，事業ドメインの変更と拡大を行うことによって，危機を乗り越えようとし，乗り越えている企業である。企業存続のために必須の条件はいくつもあるが，経営環境の激変の中で，このケースに取り上げる企業が採った戦略から学ぶことも多いはずである。

II　老舗企業の存続要因

　筆者が所属する老舗学TM研究会[1]では，企業家研究フォーラムから研究助成金を得て，創業300年を超える老舗企業を対象に，その継続要因を探るために量的調査を行った。300年超の企業を対象にしたのは，「老舗」という言葉，また概念が十分に確立されてなく，また安易に用いられているきらいがあると考えたからである。われわれは，300年超という極めて長い歴史的時間を設定することによって，幾多の社会的・経済的環境変化，さらに企業の内的な危機を乗り越えてきた企業ならではの知恵が発見できると考えたからである。

　若干，調査の概要を述べて，分析結果から得られた点に触れておきたい。母集団としたのは，先述のように300年超の企業で，帝国データバンクによれば393社である[2]。これに，われわれ独自の文献調査によって26社を追加し，合計419社とした。この中から，神社・寺院などの宗教組織，および学校組織を除いた369社が最終的な調査対象である。調査は，2006年1月に自記入

式の質問紙を郵送し，フォローアップとして対象企業全社に電話による回答依頼を行った。また，調査に先立ち，プリテストを行っている。質問紙は，老舗としての企業プロファイルやこれまでの危機の状況とその危機を乗り越えるための対応などを訊ねる自由回答形式の質問と，5段階尺度による企業永続の条件を訊ねる30の質問項目から成っている。回収数は74で，20％である。この74という回収数は代表性という点では十分でないかもしれないが，この範囲での分析からも多くを得られたと考えられる。本稿では，30の質問項目の5段階評価を因子分析にかけた結果を中心に述べたい。因子分析の結果について，主要点を挙げる。

1) 10の因子合計の寄与率が71.4％で，通常の因子分析と比較すると，10の因子をもってしても説明力が小さい。
2) 第1因子，第2因子，第3因子をとってみても，特別に大きな因子とは言えない。それぞれ，9.3％，8.4％，7.7％である。

これらから，老舗についての定義や条件にさまざまな見方が存在することと共に，老舗として存続するための条件も一様ではないことが言えよう。以下に，主要な7つの因子とそれぞれの寄与率，ラベルを記しておく。

　　第一因子　　9.3％　　サプライチェーン重視型
　　第二因子　　8.4％　　新時代感覚取込型
　　第三因子　　7.7％　　コア・コンピタンス型
　　第四因子　　7.6％　　伝統・和親一致遵守型
　　第五因子　　7.6％　　顧客大事イメージ重視型
　　第六因子　　7.2％　　家憲・遺訓重視型
　　第七因子　　6.6％　　本業墨守型

老舗企業のさまざまな顔，あるいは個性が窺える。因子分析に加えて，この調査の30の項目に寄せられた回答の平均値と標準偏差を見ると，上述の結果と併せて興味深い点が浮かび上がる。すなわち，標準偏差の数値が大きい項目と小さい項目にグループ分けできるという点

である。標準偏差が小さいということは，それらの項目に対する老舗企業の見方にバラツキが少ないということで，ほぼ同じような見方がなされていると解釈できる。一方，標準偏差の数値が大きい項目は，老舗企業によって，企業存続のための条件として異なった見方が存在しているということである。すなわち，老舗企業の条件の多様性の問題とも共通する。因子分析の結果とも符合すると考えられよう。この多様性は，老舗研究がかなりの奥深を持つことを示すものでもあり，われわれが老舗企業の研究から学ぶ内容の豊富さにもつながると考えている。標準偏差値の小さい項目は，言わば，老舗としての「必要条件」である。それらは，「迅速な苦情対応，組織の風通し，暖簾・ブランド・イメージの重視，拡大・成長よりも継続」を挙げることができる。別の言い方をすれば，これらを欠くと，老舗として存続できる可能性が極端に小さくなると言えるのではないか。

Ⅲ　事業継続と必要条件

先に，老舗企業の必要条件について述べた。因子分析の結果が示すように，老舗のタイプはさまざまである。しかし，われわれは，老舗として存続していくための必要条件のようなものがあり，その諸条件は，事業の継続を志向するとき，歴史の浅い企業にも十分な指針になるものと考えている。標準偏差値の低い項目を挙げてみたい。

1) 各時代の社会や経済の流れに敏感であろうとしている。
2) 自社独自の技術やサービスなどの継承・磨き上げを大切にしている。
3) 創業以来の経営資源（周辺環境，立地の特徴，素材，発明・発見等）を大切にしている。
4) 自社独自の経営方法や，商品・サービスの専門性を大切にしている。

5) 常に新規顧客や新規販路の開拓に勤めている。
6) 事業の継続を，拡大・成長よりも大切に考えている。
7) 暖簾のもつ信頼性や，ブランド・イメージの向上を大切にしている。
8) 顧客や取引先の声が経営のトップに届くようにしている。
9) 苦情への迅速な対応や，顧客の保持が事業の継続を左右すると思う。

併せて，標準偏差の大きい質問項目を見ておきたい。
1) 創業から中核となってきた事業に拘らず，多角化等時代の変化に対応している。
2) 会社の所有（株式の所有）と運営（経営）の分離を常に進めている。
3) 永年に亘って事業が継続できたのは「運」が大きく作用していると思う。
4) 経営のトップは創業家の一族から選ぶことが暗黙の了解になっている。
5) 株式の公開だけが企業の公開性の条件とは考えていない。
6) 本業以外の資産活用などは慎んでいる。

因子分析で，因子の多様性を確認したが，この標準偏差値の高い項目は，企業が置かれた経営環境にそれぞれの企業なりの適応の仕方を有していることである。ここにも老舗研究の奥行きと意義を見出せるのではないか（質問紙と詳しいデータは老舗学研究会（2007）参照）。

事業の継続は少数の要素のみが可能にするものではないことは自明のことである。しかし，重要な要素を把握しておくことの必要性は十二分に認識されるべきであろう。必要条件に挙げた9つの項目の内，「事業の継続を，拡大・成長よりも大切に考えている」は，成長志向を否定するものではない。むしろ，継続のための基盤をしっかりと据えた上で，成長・拡大を志向すべきと理解しなければならないだろう。成長・拡大に走った結果，人的資源や組織の内的充実などが十分でなく，破たんを来たした例を，われわれは多く挙げることができる。また，「各時代の社会や経済の流れに敏感であろうとしている」など，首肯できるものが多い。老舗と呼ばれる企業は，企業の文化や風土として，あるいは家憲・遺訓などの明文化されたものを共有することによって，幾多の危機を乗り越えてきたと考えることができよう。

Ⅳ　高知の建設業のケース

今回取り上げるのは，高知県の中山間地域で1971年から建設業として成長してきた企業が，公共工事が激減する中，茶事業に進出し，成功を収めている国友商事のケースである。国友商事は，高知県吾川郡いの町に本社を置く。吾川郡いの町は，典型的な中山間地域である。

1971年の創業というと，未だ40年ほどの歴史である。建設不況下での事業継続についての議論をすれば，冒頭に述べた「企業の寿命30年説」に根拠を与えてしまうことになりかねない。事実，日本全国の公共事業の推移と同じように，高知県でも1997年をピークに2007年には県土木部の予算は三分の一になった。

建設業は歴史的に公共工事に大きく依存してきた産業である。大手の建設業者やゼネコンに比べると，中小の建設業は，とりわけ2005年に施行された制度改革により，なお厳しい状況に置かれるようになった。この制度改革とは，「公共工事の品質確保に関する法律」による総合評価方式の導入などである。完成図書の電子化による社内のシステム化，一般競争・総合評価方式導入による会社実績の保有，技術者の持ち点などがより一層必要とされるようになったのである。発注量の減少と共に，これらの制度改革が中小の建設業の経営を大きく圧迫した（横山2009：12-17）。

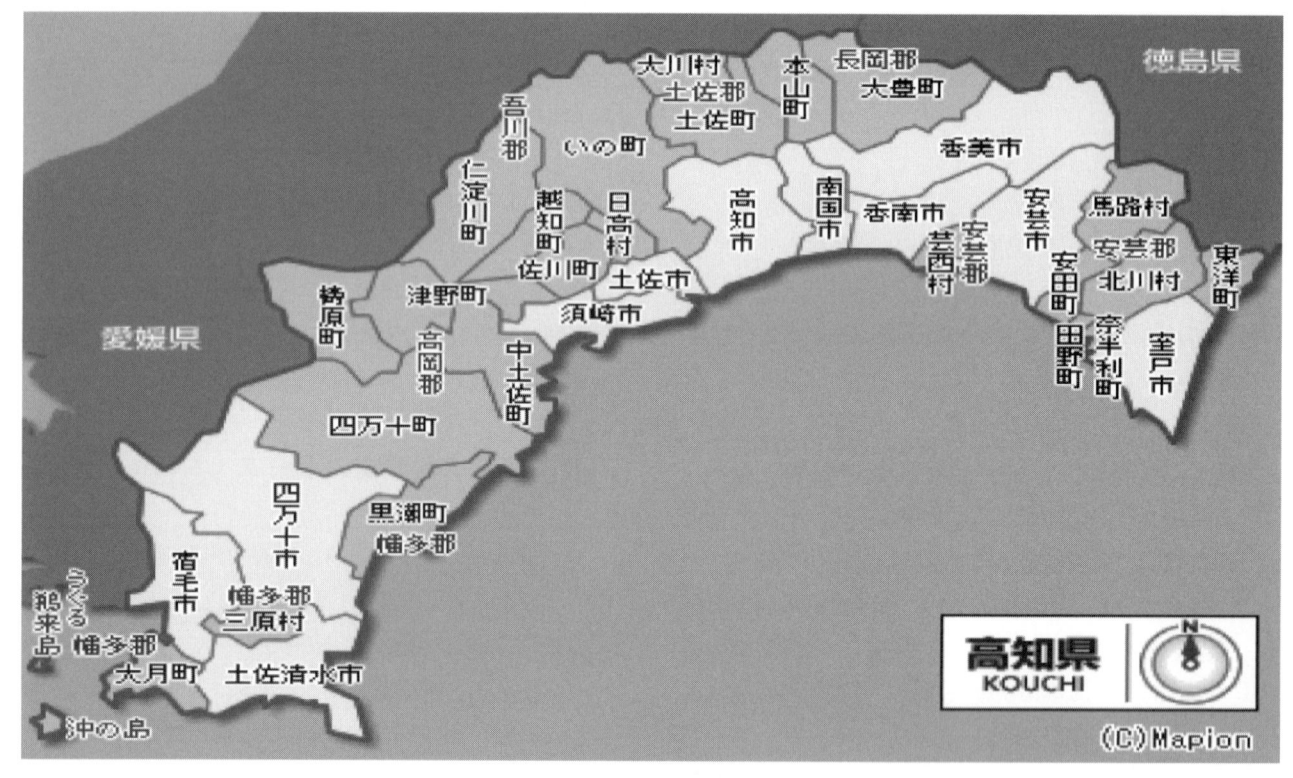

図1　高知県の地図

　国友商事も，約12億円の年商が約4億円になり，雇用の維持に努めたものの，従業員は50人から30人に減ったという。このまま推移すれば，経営戦略とすれば，受注額の減少に応じた経営規模の縮小による均衡，あるいは合併や提携などを含む合理化といった選択肢を持つことになる。しかし，国友商事は，国友農園という農業部門をスタートさせ，「りぐり山茶」の市場導入を成功させたのである。

1　10年前の洞察

　現在の社長は2代目である。彼女は関西の大学の薬学部を卒業後，かねてから興味のあった服飾デザインを専門学校で学び，神戸の大手アパレル企業に就職した。国友商事は，初代社長が1971年に高知県吾川郡で建設業を始め，「新しい技術の導入，高品質な商品の提供を

モットーとし，地域社会に貢献すべく改革を続ける」を経営方針とした。事実，順調な成長を遂げ，地元で中堅の建設業者としての地位を確立した。しかし，現社長は1996年に，父である初代社長から高知に帰るように要請される。初代社長が病に倒れ，跡を継ぐためである。この頃は，公共工事は未だ大きな減少を見せていなかったが，初代社長は，公共工事の減少を予見し，「春先に茶をやれ」と遺言に近い言葉を残す。初代社長の言葉は，「春先にまず建設業の仕事が縮小状態に入るだろうから，春先の社員の雇用の維持を含めてお茶をやれ。お茶が一番いいだろう」だったと現社長は述懐する。建設業が茶事業に進出する―これは奇異に感ずるかもしれない。事実，経営環境が厳しくなった状況下でまったく異分野の茶事業に進出した建設業はないであろう。悪化する建設業界では，同業の建設業の合併や事業提携などに

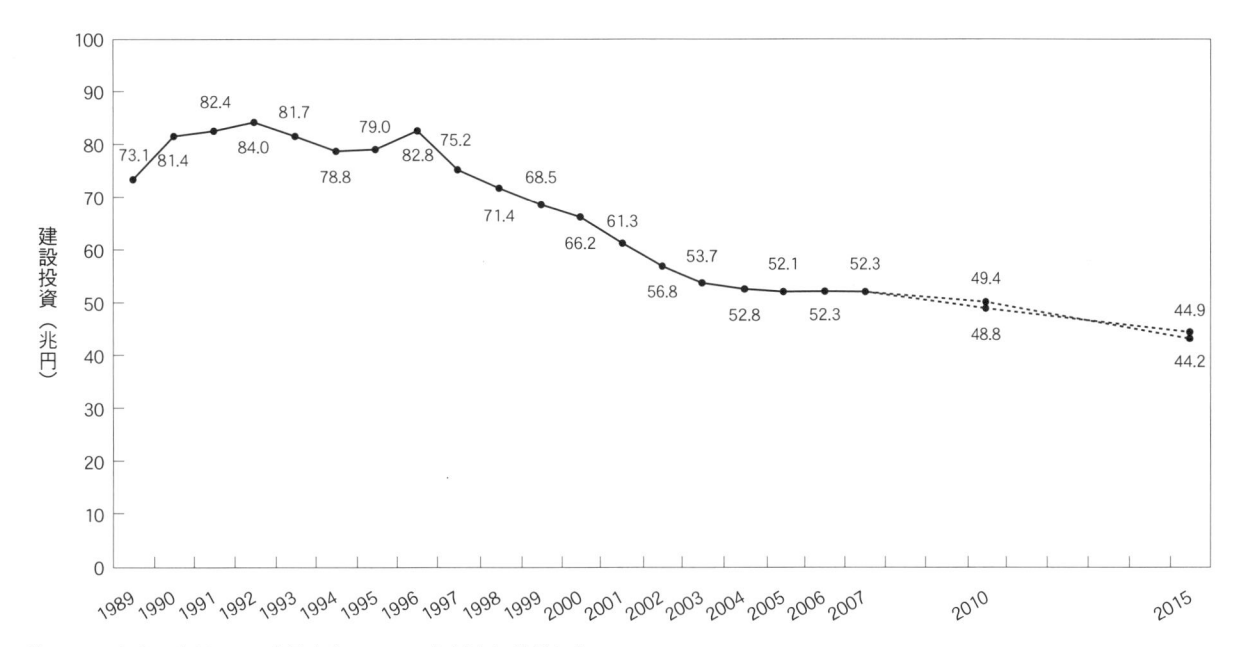

注：2020年まで名目GDP成長率を1.5-2.0%と仮定し推計した。
出所：2006年度までは国土交通省「建設投資の推移」よりNRI作成。民間非住宅投資内訳および2010-2020年度の数値はNRI推計。

図2　公共事業の現状

より，経営基盤の強化を図る企業や，建築業への進出や中国からの大理石の輸入など建築関連の建築材料を取り扱い始めたところもある。国友商事の場合，茶事業への進出を可能にした二つの環境的要因を挙げることができる。

一つは，建設業と茶事業のオペレーション上の時間的ズレである。土木・建設業は4月が新年度のスタートであり，入札後，新しく受注して工事が始まるのが6月を過ぎる。これに比べて，茶事業は収穫と加工が5月ごろから始まり，およそ6月までということを考えると，工事が始まるまでの期間，自社の労働力を活用できるのである。もちろん，5～6月以外にも，茶園の手入れや茶樹の管理は必要であるが，労働力の分散は可能である。初代の社長が建設工事の受注減を見越して，「春先に茶をやれ」という遺言は洞察であったと言わなければならない。しかし，茶事業を起こすといっても，同社にとってはまったくといって良いほど，未経験の領域である。

試行錯誤はあったというが，これを可能にしたものは何であっただろう。

初代社長は建設業が順調な時に，借入をしながらも山林を購入していった。現在，同社は社長の個人所有も含めて，約600ヘクタールの山林を保有している。この山に茶が自生しているのである。茶畑というと，京都の宇治や静岡に見られる整然と茶樹が緑の茶葉をつけて植わっている光景を思い浮かべるものである。しかし，自生の茶樹は，いわば雑然と岩肌が見え隠れする山に植わっている。

当然，有機である。これが山茶であり，独特の香気をもつ。良い茶の生育条件がいくつかある。雨量が豊かであること，しかし水はけが良いこと，太陽の光は豊かでなければならないが，太陽の光を直接的に受けないように霧がよく発生すること，その霧によって超紫外線（ウルトラ・バイオレット）が発生し，茶葉が優しく包まれる，などである。あまり知られていないが，高知県の中

図3 国友農園の山林からの風景

山間地域はこのような条件を満たしているところが多い。

　高知県産の茶は，ブレンド用として他の生産地に移出されることが多いが，高知は昔から茶の産出県である。しかし，茶の栽培は自然が相手である。茶が植わっているからといって，誰でも茶事業を起こせるものではない。茶事業のための経験，ノウハウが求められることは言うまでもない。国友商事の場合はどうだったのであろうか。このことに対する答が二つ目の環境的要因である。この地域では，昔から主に自家用に茶を栽培してい

図4 国友農園に自生する茶樹

る。従業員の多くは，建設会社に勤務しながら，茶を含む農業も営んでいる兼業農家である。農業だけでは生計を維持するのが困難で，建設業などの仕事にも従事する農家が多い。建設の受注と工事の合間に農業を営むことも可能である。ほとんどの従業員が茶畑も保有しており，その中に，この茶栽培と製茶の熟練者がいたのである。先に述べた山林を購入していった点を経営資源の観点から考えると，山林とそこに自生する茶はモノである。これに加えて，同社には新しい領域に進出する際に必要なヒトとノウハウという貴重な経営資源を社外から取り入れる必要なく，自社内に保有していたのである。図示してみたい。

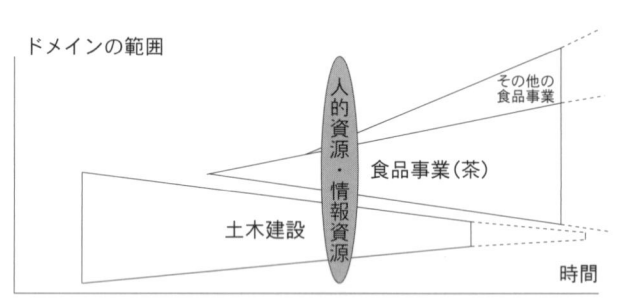

図5 国友商事のドメイン変更のイメージ

2 ブランディング

　国友商事の農業部門が国友農園で，その商品名は「りぐり山茶」である。「りぐる」とは，土佐弁で，①念を入れる，②理屈をこねる，の意味を持つ。この「りぐり山茶」は，「凝った」お茶の意味を持つものと理解できよう。どのように"凝って"いるのであろうか？

　建設業が茶事業に進出し，成功させるためにこだわったいくつかの点を述べて，ブランディングのための戦略を紐解きたい。ドメインの拡大・変更に関係すると考えられるからである。

　茶の市場に参入する―茶栽培の経験があるとはいえ簡単なことではない。日本には，長い歴史を持つ茶の老舗

企業が多く存在し，名声を得ているからである。さらに，茶類がペットボトル入りの飲料として広く消費者に親しまれるようになってから，茶葉のタイプの茶市場は拡大せず，競争は激化している。このような市場環境の下，國友社長は競争力のある茶製品を世に送り出すために腐心した。自生している山茶の特徴を100％以上活用し，他の茶とは違った香気を出すことによって差別化を図ったのである。そのため，茶園の整備に10年を費やし，園地の手入れのための投資を行い，安心・安全な製品を送り出すために徹底して有機栽培にこだわる。除草剤も一切使用していない。自生している山茶の手入れをし，雑草を摘み取っていく。大変な作業だが，山の地形からして，すべて人力に頼らざるを得ない。しかし，これらは茶が自然に持っている茶本来の香味を引き出すためには欠かすことのできないプロセスである。ひとつの例を挙げると，国友商事の三種類の茶園の内，「山茶実生園」は，茶の実が勝手に落ちて自然に生えたもので，雑木の中に自生していた茶樹を10年間，カヤ肥えと油かすのみで育成したものである。

「りぐり山茶」の製造上のもう一つの特徴は釜炒り製法である。茶には酸化酵素が含まれている。この酵素の働きを生かして100％酸化させたものが紅茶で，製法上は醗酵茶と呼ばれている。酵素の働きを止めて作られるのが緑茶で，不醗酵茶と呼ばれている。およそ半分くらい醗酵させたものが半醗酵茶で，烏龍茶が代表的なものである。日本茶の約95％が蒸すことによって，茶葉に含まれる酸化酵素の働きを止めていることを考えればリスクのある選択だったと言えるのではないか。國友社長は，自社の山林に自生する茶葉の特徴を最大限引き出す方法として，この釜炒り製法を採択した。中国に「武夷岩茶（ぶいがんちゃ）」という銘茶がある。武夷山で採れる茶で，お茶好きの人には垂涎の茶である。この「武夷岩茶」が自生する場所が国友農園所有の山の様子に酷似しているという。國友社長は，自社の茶の製法の研究のため，外国も含め多くの茶産地を訪問したが，この武夷山を訪れたときに，自社が保有する山とそっくりだったと述懐する。中国は，よく知られているように，釜炒り製法が主流である。このことから，「りぐり山茶」の製法を釜炒りとすることに踏み切ったのである。一口に釜炒り製法と言っても，特別のノウハウを必要とする。摘まれた茶葉を大型の中華鍋のような大きな釜にいれ，下から熱するのである。釜にある茶葉を上から手で押さえつける作業を繰り返して，茶葉に含まれている酸化酵素の働きを止めていく。大変な熟練と労力を必要とする。茶は，どのような茶でも製造工程の最終段階は「火入れ」と呼ばれている乾燥である。「りぐり山茶」を口にすると，力強さを感じるものの，まろやかな香りと，なんとも言えない香ばしさが口から鼻にかけて抜けていく。上品な"火香（ひか）"を伴っているのである。山茶の，山茶としての"主張"が感じられる，「馥郁たる香味」である。

新しく茶市場に進出するために，マーケティング・ミックスでいう「プロダクト」にこだわった理由とそのために注がれた精力が理解できよう。製品の特徴を消費者に理解されるために必要なのはコミュニケーション戦

図6　「りぐり山茶」のパッケージ写真

略の有効性である。このため，ネーミングとパッケージングにも力を注いだ。「りぐる」の意味は先述の通りである。正に，"りぐって"作られた茶である。パッケージングとその書体も山茶の特徴を巧みに伝えている。

V 事業ドメインの変更

　国友商事の場合，本業の建設事業を取り巻く環境が激変し困難な状況にある中，企業として継続していくために，異分野の茶事業に進出し，成功させてきた。それに伴って，ほぼ自然にドメインの変更がなされたと単純に考えることができるだろうか。事業継続と継承の問題を議論していくとき，どのような企業でもドメインの拡大を志向して，活用可能な経営資源を投入すれば，それが可能だと考えることは安直だと言えるのではないか。

　Abell（1980=1984）によれば，事業の定義と再定義の測度として，
1) 事業の広がり（scope）
2) 会社の提供物のセグメント間での差別化
3) 競争各社の提供物間の差別化

を挙げている。

さらに，事業の広がりと差別性には，
1) 顧客層
2) 顧客機能
3) 技術

の三つの次元を仮定している。

　また，彼は，「経営者はまったく新しい事業に参入するときはいつでも事業定義の問題に直面している」と述べている（Abell 1980=1984: 8）。このメッセージの持つ意味は大きい。事業の承継に伴って，新しい事業への進出を企図する際，経営者は既存事業のドメインを確認し，新しい事業が置かれるべきドメインとその事業を可能ならしめる経営資源との関連において，事業の定義を再検討するべきなのである。

　今回のケースは，事業の広がりという点で，建設業に食品事業というスコープを持たせたと考えることができる。それを可能にしたのは，既に述べたように，既存労働力の活用と，活用を可能ならしめる両事業のワークロードにおける時間的ズレである。もうひとつが，同じ労働力が，新しい分野での事業を始める上での経験とノウハウを内包していたことである。國友社長によれば，茶事業に進出を決めたときに，従業員から，大きな反発があったという。それは，中山間地域で建設業に勤務する従業員は農業だけでは生活が困難なゆえに建設業に勤務しているのに，なぜ，その企業がまた農業に進出するのか？という疑問と不安であった。しかし，多くの困難に遭遇しながらも，自分たちが手掛けた茶製品が高い評価を得ていく過程で，従業員はその事業を継続し，拡大させていくことの意味と意義を見出していったと考えることができる。建設業の受注減を身にしみて感じながらも茶事業での確かな手ごたえを感じていったのである。茶製品の高い評価を得ていく過程は，競争各社の提供物間の差別化を意識した製品作りがなされていったことから十分に理解できよう。先述のように，製品に徹底的に個性を持たせたのである。顧客層については，建設業と茶事業の顧客は当然異なるが，茶事業についていえば，「りぐり山茶」の顧客は茶通であり，國友社長の言葉を借りれば，茶本来の香味を理解し，それに正当な評価を与えてくれる人たちということになる。マーケティングの理論で言えば，製品の差別化とターゲット層の明確化を両立させているのである。再び，國友社長の言葉を借りたい。「お茶でアロマセラピーとでもいうのでしょうか，都会のど真ん中で森の香りを嗅げるような，飲んだ瞬間，五感が喚起されて土佐の山の中に来たような，そのようなお茶を作り，作っていきたいと思っています。」この言葉からも茶事業に掛ける情熱と，良質の茶を提供していくという信念が窺える。

Ⅵ 事業の継承

　既に述べたように，現社長は，初代社長が深刻な病に冒されたときに郷里に戻って事業を継ぐことを託された。関西の大学に進学するまで，高知で育ったとはいえ，建設業とは無縁の人生を歩んできた。実際，多くの困難に遭遇したが，「会社の継続のために，父の言いつけを守ってきました。父は100の言いつけを残してくれました。すべて役に立っています」と述べる。初代社長が娘である現社長に会社を託そうと決心した時，「雇用の維持のために，春先に茶をやれ」と述べられたことは既に触れたが，事業継続は雇用の維持を続けることが地域社会における企業のレーゾン・デートルであるとの確信である。また，自ら起業し，その礎を築き，成長のために協働した従業員の生活を守らなければならないという強い思いもあったのである。そのための事業の継承を現社長に託されたと考えることができる。同時に，初代社長は，「土木は長くは続かない」とも述べられたというが，現社長によると同業の他社よりもおよそ5年早い認識だったという。借入をしても次々と山を購入していったことは，新規事業に進出する際の資産の確保も視野に入れていたはずである。茶事業を始める際の資金面での不安材料もなかったという。

　このように考えてくると，企業の継続は，経営者の先見性，洞察力，環境変化に対する感受性，事業継承のための後継者への信念や理念の継承がキーワードになってくる。老舗企業への定量的調査で得られた必要条件である，「各時代の社会や経済の流れに敏感であろうとしている」，および「事業の継続を，拡大・成長よりも大切に考えている」ことの重要性を改めて認識させられるのである。その中に，経営者の雇用維持への熱い思いと，そのような思いを理念と共に享受できる従業員の存在を確認することができるのではないか。

　もう一点，事業ドメインの変更に関して，経営戦略の観点から考えておく必要があろう。先ほど引用したエーベルは，「新製品を導入したり，古くなった製品を廃棄したり，これまでの製品を新しい顧客に売ったり，合併を通じて多角化したり，事業の一部を売却したりするとき，戦略上，事業定義の問題が少なくとも潜在的には生じている」と述べている（Abell 1980 = 1984:8）。それでは，この国友商事のケースは，経営戦略の点では，成長戦略のためのドメイン変更だろうか，それとも競争戦略のためのドメイン変更だろうか。坂下によれば，「企業の成長戦略は，多角化ないし新事業開発の戦略である」（坂下 2007：35）。さらに，新事業開発の方法として，内部資源利用型，提携型，外部資源取込型の三つに分類している。内部資源利用型は，社内ベンチャーと戦略子会社（＝分社）に，提携型は戦略提携，そして外部資源取込型は，ヘッドハンティングと異業種M&Aに分類される（坂下 2007：35-48）。国友商事の場合は，内部資源利用型と理解できないことはないが，建設業が低迷していく中での企業の生存のため，すなわち継続のための内部資源の活用であるから，純粋な成長戦略と捉えるには困難を伴う。もちろん，茶を中心とする農業ビジネス，さらに食品ビジネスが建設の仕事を大きく上回る成長を見せれば，内部資源利用型の成長戦略を採ったと理解できようが，現段階では企業存続，事業継続のための戦略であり，そのためにドメインの変更をせざるを得なかったと理解したい。このようなケースは，他にもあるのではないだろうか。

　國友社長は，この「りぐり山茶」の成功に続いて，新規事業に与えるべきコンセプトを深耕している。建設業が茶事業に進出し，成功を収めた。山茶は山の産物である。山は，茶の他にも，多くの"山の恵み"を産する。茶の成功が周辺に伝わって，柚子，山菜，イノシシ，イモ，楮，コメ粉などなども活用して欲しいという要望が多く寄せられている。中山間部にはさまざまな産物が

ある。國友社長は，これらを活かす"業"として，「山業」というドメインを考えついた。

Ⅶ 「山業」の発展性

　山業というドメインに入るであろう産物は，先に述べたとおりである。柚子はアイスキャンデーの材料に，山菜は山菜料理に，イノシシの肉は，特異な味わいをもつイノシシのチャーシューを開発し，成功している。このチャーシューは，コメ粉を使った「イノシシ・バーガー」へと発展している。吾川郡いの町の山間で栽培されるイモは蒸して「おへら」と呼ばれ，茶請け，おやつとして食されている。それをレトルト殺菌して販売する実験段階に入っている。楮は，伝統的にこの地域の産物のひとつであるが，楮を刈り取り，蒸し，皮を剥がし，晒して，和紙に加工するのに大変な労力を要することから，高齢化の進んでいる中山間部では衰退している産業のひとつである。これを復活させ，和紙の良さを再認識させようとの試みに取り組む。すなわち，これらの中山間部の産物を「山業」という言葉でまとめようとするコンセプトである。

　國友社長の言葉を借りて，この「山業」という言葉で表現されるドメインを理解したい。「私は，子供のときからこの辺りの山で遊び，山で育ってきました。そこから，土にくっついた生きるチカラ，土に根ざした人間のチカラというものをカタチにしたいのです。伝統，文化，うるおい，やすらぎ・・・これらは私たちの生活にくっついているもので，こういうものを大切にしていくことに意義を見出しています。地域とのつながり，人とのつながり，モノとモノとのつながり・・・こういうものを現代の社会は失っているのではないでしょうか？」

　中山間地域の産物をこのように括ることのできるドメインの有効性を見出すことができる。そこにはこのドメインがもつ拡がりと継続性を見ることができるのである。昨年，國友社長は，築140年の古民家を購入した。山の中腹にある。「空が近いのですよ」と言う。この古民家を，歴史的な雰囲気とその良さを保ちつつ改装し，「青人草の荘」と名付けた。「疲れて，癒されたい人が多いこの時代に，ここでゆっくりとして頂きたいのです」と語る。山の良さを商品化する。このような表現が適切かどうかは議論のあるところであろう。しかし，「山業」というドメイン・コンセプトが目指すところは理解できるのではないか。

図7 「青人草の荘」のある山の風景

図8 「青人草の荘」の内部

Ⅷ　おわりに

　事業ドメインの変更や拡大は企業の維持・成長に重要なものである。しかし，一方で，ドメインの変更をしないことや，変更・拡大したために，経営上の危機を招いた例も存在する。経営者は，常に，事業の定義を考え，その的確性を確認していなければならない。経営環境が変化するからである。自社の事業をどのように定義するか，現状のままで良いのか，変えるべきか。変えるとすれば，どのように変えるべきかという大きな課題に直面する。Levitt（1960=2001）が「マーケティング近視眼」で指摘した事業定義の重要性は，この課題を考えるときに重みを増す。

注

1) 前川洋一郎を代表とする私的な研究会。2005年より老舗に関する研究会を毎月開催している。
2) 2006年当時のデータ。

参考文献

［和文文献］
・後藤佳菜子（2011）「老舗の全体像・イメージと定義」（前川洋一郎・末包厚喜編著『老舗学の教科書』第1章，同友館）。
・坂下昭宣（2007）『経営学への招待（第3版）』白桃書房。
・老舗学研究会（2007）「300年以上続く商売の秘密―企業の持続要因解明に関する基礎研究」（老舗学研究シリーズNo.2）。
・末包厚喜（2009）「『食』のブランド化＊事例研究：国友農園の取り組み，『りぐり山茶』の開発とブランド育成」（高知工科大学大学院起業家コース『農業ビジネス学校』第2章4節）。
・日経ビジネス（2009）「不滅の永続企業」2009年10月12日号。
・帝国データバンク史料館ガイドブック（2008）『老舗－温故知新』日本の会社展ガイドブック。
・帝国データバンク史料館・産業調査部（2009）『百年続く企業の条件』朝日新聞出版。
・前川洋一郎（2010）「地域社会における老舗の生成プロセスについての考察―旭川市，松前町・江差町，守口市，門真市の事例をもとに」『流通科学大学論集－流通・経営編』第22巻・第2号：51-74頁。
・横山文人（2009）「地域建設業者の現状と存続モデルの研究―迫られる脱公共事業への経営戦略とその妥当性」（高知工科大学大学院起業家コース修士論文）。

［欧文文献］
・Abell, D. F. (1980) *Defining the Business, The Starting Point of Strategic Planning*, Prentice-Hall（=1984 石井淳蔵訳『事業の定義』千倉書房）．
・Levitt, T. (1960) "Marketing Myopia," *Harvard Business Review*, July-August, 1960（=2001『ダイヤモンド・ハーバード・ビジネス・レビュー』2001年11月号）．

参考URL
http://www.mapion.co.jp/map/admi39.html

謝辞

　本稿を書きあげるに当たって，国友商事社長，國友昭香社長には数回に亘るインタビューをはじめ，多くの資料提供を戴きました。感謝し，厚くお礼申し上げます。

長寿企業の事業承継と存続にかんする研究
―千年企業を中心とする史的分析―

曽根秀一（日本学術振興会特別研究員）

要旨

本稿では，老舗宮大工企業の金剛組を対象に，その経営活動の変遷を経年的に分析しつつ，事業承継のメカニズムと長期存続要因を明らかにするという課題を設定した。金剛組では，経営諸資源がシステムとして統合され，それが組織や人材に「制度的叡智」として埋め込まれていた。とくに，「制度的叡智」の担い手である「人材」に着目し，それを「技能の人材」と「経営の人材」の二つに分け，この二つの「人材」概念を分析の方法概念とした。金剛組の組織構造は，主として顧客関係に規定され，技能の修得・承継には競争的契機が埋め込まれていた。

A Study on the Succession and Longevity of a Family Business in Japan:

A Historical Approach to the Management of Kongo-Gumi

SONE Hidekazu, Japan Society for the Promotion of Science

Abstract

The purpose of this paper is to explore the interdependence between customers and long-standing firms in Japan as an important factor that contributes to the continuous growth and long-term existence of firms. This study presents a case study on Kongo-Gumi a construction firm specialized in temples and shrines which has existed over a thousand years in Japan. We will shed light on its long-term relationships with customers, which have made the passing down of skills and expertise smooth over many generations.

This case study analyzes critical events that contributed to the success of the family business including the succession by its founding family. Data are collected from archives, books, public documents as well as interviews.

This study offers a conceptual framework of analyzing the longevity of firms.

Key Words: 存続，事業承継，リスクマネジメント，家訓，同族企業　longevity, succession, risk management, corporate creed, family firm

はじめに

　本稿の目的は、いわゆる「長寿企業」あるいは「老舗企業」などと呼ばれる企業の存続の観点から事業承継に着目し、これらが具体的にどのような仕組みで、そしてどのように機能したのかを明らかにすることである。事例として取り上げるのは、世界最古の企業とも指摘され（O'hara, 2004）、宮大工を源流とした金剛組の事業承継、それに関連したリスクマネジメントである。

　企業にとっての至上命題は、存続である。その存続を支えていく上で、人材の育成、事業の承継は非常に大きな課題であり、これらの問題を解決していく必要がある。

　これまで経営学では、企業の成長は多く論じられてきたものの、企業の存続（あるいは衰退）を問題とした研究については、いくつかの研究領域で細々と続けられてきたにとどまる[1]。その理由として、売上高や市場シェアの上昇という、組織の成長（量的拡大）の達成が、企業の存続を保証するという暗黙の了解にもとづいて、経営学の理論体系は展開されてきたからと考えられる。そして、何百年と続く企業の事業承継についてもほとんど論じられてこなかったのである。

　Hirschmeier（1975）によれば最も重要なリスクマネジメントとは、リスクに陥らない経営体質づくりに他ならない。

　また、江戸時代の企業経営においては、近代的な意味での保険制度は存在しなかったため、経営危機を回避し、万一危険が生じた場合には危険を拡大せずに、それを最小限に食い止める仕組みを考え出していた。こうした仕組みについては、近江商人や三井家、鴻池家、伊勢商人といった近世商家にもみられたことが報告されている（安岡・天野編, 1995；横澤編, 2000；上村, 2005）。

　それでは、金剛家に伝わる史料及び金剛家39代目当主利隆氏[2]、40代目当主正和氏[3]へのインタビューデータをもとにして論じていく[4]。

I　対象企業の概要

　金剛組の創業は、578年までさかのぼる。当然のこととして、近代的な会社の形態が存在していた時代とはいえないが、大工や建設「業」を継続的に営み、現在でいうところの「会社」として運営されていた。

　創業したとされる578年は、聖徳太子に招かれ、百済国から、同じ造寺工の早水（はやみ）、永路（ながみち）とともに初代金剛重光が渡来し四天王寺の創建に携わった年と伝えられる。これ以後、金剛家は四天王寺のお抱えとなり、代々金剛家の人々が正大工の役を務め、今日に至っている。1955（昭和30）年に株式会社に改組し、経営の近代化を進め、寺社建築分野の代表的な総合建設会社となった。現在も四天王寺の横に居を構え、同寺との顧客関係を保ち続ける売上高60億円弱の中堅の建設会社として、100名以上の宮大工を擁し、寺社建築の設計・施工、文化財建造物の復元、修理を中心に建築基準法を満たすための省庁への申請や確認の業務、現場管理までの業務をすべて行っている。ごく最近まで初代重光の流れをくむ金剛一族が経営に当たってきた[5]。

II　分権経営 ―暖簾分け制度―

　江戸時代は個人企業であり、法人のような会社組織が存在しないため、いかに家業を、つまり「家」を存続させるかが課題であった。

　こうした考えは家制度を利用して常に考えられ、家がある程度まで基礎ができて老舗へと発展すると、店方制度が確立し、当主を補佐する組織が整ってくる（竹中, 1977）。このことは本家中心主義を意味し、家を維持す

るために分家・別家を活用していた（上村，2005）。

　金剛組をみたとき，この店方制度によって，人材養成や番頭などが企業経営のうえで強力な発言力を持ち，合議制によって，当主の暴走を防いでいた。分家や別家を上手に用いた経営がなされていることがわかる。次項では具体的にその事例について述べる。

1　権大工による正大工への補佐

　金剛家当主は正大工に就任し，子息や弟，親戚筋は権大工として正大工職を援け，合議制のもと経営を行う仕組みをもっていた。このことは，技能・技術の漏洩や金剛家内のもめごと等を防ぐ意味合いがあった。金剛家の史料「金剛氏系図」などにおいても文化年間（1804～1818）前後から，はっきりとこのような組織が存在していることが確認できる。このように当主である正大工を分家である権大工が援け，仕事を一緒に行い，技術をともに磨きながら，金剛家を支えていたのである。ようするに小集団で仕事をしながら技術の伝承及び，人を育てるという制度を生み出していったのである。

2　分家による本家への補佐

　金剛家は，金剛家と柳家の2つの家によって支えられてきた。つまり，金剛家には，金剛本家以外に同じ先祖から派生した分家の柳家が存在し，その柳家が金剛家をサポートする役割を担っていたのである。子息に適格者がいない場合など，家業の中心である本家の存続が困難になると事業が途絶え危機となる。このため分家や別家が支えるという仕組みをもち，存続危機の回避に一役買っていたのである。この柳家からたびたび金剛家当主が輩出されていた[6]。40代目正和は，分家の存在の意味を次のように指摘している。

　「適格者がいないときは，分家から本家をサポートしたり，分家が正大工を仕切っているとか，そういう時代もあったようです。長続きする1つのコツでもあるわけです。1本だけではなかなか続きませんので。だから，常にスペアというか，サポートを用意している。そうでないと，こんなには長くは続かなかった（中略）それとやはりその能力っていうものがありますからね。大工を率いる統率力がないといけませんから。必ずしもその嫡子とか金剛家の人間が，指導者的立場にふさわしいかどうかというのはちょっと難しかったみたいですね（曽根・加護野・吉村，2010，14頁）」

　つまり，金剛家では，江戸時代の商家と同様に養子制度が発達しており，こうした制度を活用して事業承継の危機の回避方法として，分家から人材を登用することで維持していたのである。

3　分家や組による番頭的役割

　金剛家では，各棟梁や親戚筋（番頭）が強い発言力をもっており，本家当主の暴走や怠慢を防ぐ働きをしていた。実際に34代目喜盛は，仕事に身が入らないという理由から合議制のもと，当主の座から降ろされている。

　さらに金剛家の技術を授かった棟梁衆からも要望等が言える仕組みがあった。江戸から戦後までは4組，現在8組ある大工の組の各棟梁は定期的に会合をもち，要望等も金剛家にあげている。

　金剛家の大工集団「組」にかんしては，本家との関係でさまざまな取り決めが交わされていた。別家（組）は，奉公人として勤め上げた本家から独立し，いわゆる暖簾わけをしてもらうわけであるが，その際に制約を受ける。それは本家である金剛家以外からの仕事を請けないということである。ようするに，金剛家から伝授された技術を外部に流出させないということである。

　このように別家は独立後もいつまでも金剛家のもとで，柳家同様に本家をサポートする役割をもち続けている。しかし，同時に発言力ももっていたのである。こう

したことから，前述した34代目は，合議の上で廃嫡させられたのである。

また，昭和の時代に至るまで，慣行的にも代々の当主を補佐する名番頭が存在していた。39代目利隆も「代々番頭さんの役割は大きかった。やっぱりお金をちゃんと出し入れする，経理関係の番頭さんもおるし，それから仕事を一生懸命指導する，技術的な番頭さんもおるし（曽根・加護野・吉村，2010，11頁）」と番頭の重要性を述べている。

Ⅲ 家訓と事業承継

家訓の目的は，家名を永久に承継させたい，子孫の繁栄と安全を期したいという願望であり，リスクマネジメントが多分に組み込まれている。ようするに，当時の家長が，家名，家業の永久相続と子孫の繁栄，繁昌を望んで，自己の多年の経験や過去の労苦から得た信念を，子孫に対して具体的に実現する方法として，訓戒及び遺戒したものが家訓である（足立，1990）。

経営史家の宮本（1941）は，家訓及び店則は商人意識の消極面と積極面に別けられるとしている。消極面として，奉公・体面・分限の三意識をあげ，一方，積極面に始末・算用・才覚をあげている。

金剛家では，江戸中期に32代目喜定が亡くなる間際に残した「遺言書」が現存し，その後の金剛組の経営にも多大な影響を与えたといわれている。

喜定は，「遺言書」のなかで，「一番大切なことは，家名が安泰で相続することである」とし，長期存続を望んで子孫にあて具体的に記している。

この「遺言書」内にある「職家心得之事」は，16ヶ条から成る。特に第1条は，曲尺を使い職学の習得と同時に神社仏閣から民家に至るまで儒仏神三教の考えをよくわきまえることが大事であり，これが職家第一の誇りであるとしている。さらに第14条では，見積り入札における注意事項が記され，宮大工家の特色が出ている。また，家業を承継する後々の当主に向けて，「大酒は慎め」，「身分不相応なことはするな」など，宮本（1941）のいう消極面を意識した心得が多く記されている。

以下，「職家心得之事」を紹介する。原文には見出しはないが，読者の理解を助けるために訳者が付した。

史料 「職家心得之事」より

■第1条　儒仏神三教の考えをよく考えよ
一　曲尺遣イ職学稽古并乾坤具足考五行之定様之故実，神社仏閣俗家ニいたる迄，儒仏神三教之考能々考弁可有之候，是職家第一之得意也
（大意）
一　曲尺を遣い職学の稽古ならびにあらゆるものが備わる五行の定様と神社仏閣から民家に至るまで儒仏神三教の考えをよくよく考えわきまえなさい。これが職家第一の心得とするところである。

■第2条　主人の意向に従え
一　御殿并ニ御武家之事者，深ク考ルニ不及，其主人之好ニ可随候事
（大意）
一　御殿並びに武家について深く考える必要はない。その主人の意向に従いなさい。

■第3条　修行に励んで分をわきまえよ
一　読書十露盤専稽古可被致候事
右者職家第一之入用ニ候間，唯無余念一心ニ励ミ修行可致候事
右之外芸道者其任器量ニ身分相応之事者相学可申候，不依何事不応之場席江者，立寄候事も不被致候様相心得可申候事
（大意）
一　読書，そろばんをもっぱら稽古しなさい。
このことは，職人の家では第一に必要な事であり，ひたすら他の考えを持たず，一心にして修行しなさ

い。

右のほか芸事はその能力にまかせ，身分相応の事は身につけておきなさい。なにごとにもよらず身分不相応なところへ立ち寄るようなことはしないように心得なさい。

■第4条　出すぎたことをするな
一　世間之御衆中江交りいたし候とも，必差出過候事なきよふ相心得可申候事
（大意）
一　世間の人達と交流しても必ず出すぎたことをしないように心得なさい。

■第5条　大酒は慎め
一　大酒いたし不申候様相心得可申，若心得違いたし候而，附合ニ事ヲ寄セ大酒抔致候而者，不被計も無調法出来身分立チかたく相成り，増長して者命ヲ失ふ，能々見聞いたし相慎可申候事
（大意）
一　大酒はつつしむよう心得なさい。付き合いという理由で，大酒などをしては，自分で思っていなくても，不調法が出来，さらに増長して，命を失うようなことをよくよく見聞して，そのようなことは慎むようにしなさい。

■第6条　身分に過ぎたことはするな
一　身分過たる花美成衣帯致シ間敷候事
（大意）
一　身分に過ぎた贅沢で華やかな装いをしてはいけない。

■第7条　人を敬い，言葉に気をつけよ
一　為人ヲ上敬詞柔和ニして，多言無之様相心得可申候事
（大意）
一　上位にある人を敬い，言葉は丁寧にし，多言しないよう心得なさい。

■第8条　憐れみの心をかけろ
一　内人弟子ニ至迄目下之人者，厚憐愍之心持詞柔和して，召遣イ可申候事
（大意）
一　内人，弟子に至る迄目下の者に憐みの心をかけ，丁寧に話し，召使いなさい。

■第9条　争ってはならない
一　不依何事，人とあらそふ事なかれ
（大意）
一　どんなことがあっても人と争ってはいけない。

■第10条　人を軽んじて威張ってはならない
一　仮初ニも人ヲ軽大言雑言申間敷候事
（大意）
一　仮にも人を軽んじて大きなことや悪口を言ってはならない。

■第11条　誰にでも丁寧に接しなさい
一　何れ之人ヲあしらふとも慇懃者よし
（大意）
一　どんな人に対しても丁寧にしなさい。

■第12条　身分の差別をせず丁寧に対応せよ
一　世間之勤メ高下差別有共叮嚀者よし
（大意）
一　世間の勤めとして身分の高下があったとしても，どんな身分の人にも丁寧に対応しなさい。

■第13条　私心なく正直に対応せよ
一　不依何ニ諸事万端取引致被呉候御衆中へ者，無私正直ニ面談可致候事
（大意）
一　どんなことであっても，すべてにおいて取引していただいている皆様（お客様）には，私心なく正直に対しなさい。

■第14条　入札は一番廉価で正直な見積書を提出せよ
一　家職相勤り候様ニ相成り候而，不依何れ積り物入札等之儀申来り候ハヽ，得と其先相糺差障り無之候ハ承，時節之直段聞合候而，莫太高下之積り必致

間敷，廉直積り書付差出シ可申候事
（大意）
一　家業が勤まるようになって見積もり入札をせよと言ってきたら，しっかり相手先などをよく調べ，差し障りがなければ，承知するようにしなさい。時の相場にも留意して，過大見積りなどがないように，廉価で正直な見積書を書いて出しなさい。

■第15条　家名を大切に相続し仏神に祈る信心を持て
一　不依何事，自身ニ不相分候儀者，親類打寄相談之上万事取計可致候事
　右者我平生多病候故，職家心得之要用荒増書置候，畢竟者忠孝者不及申家名大切ニ相続シ，時節見合妻女求子孫残シ，不養生成事者慎，常ニ保養ヲ加，長寿保，仏神祈信心啓（（ママ））固ニして早ク仏心発起シ，大善知識奉逢弥陀之本願授り得仏果罪業離，勇心之思ひニ而，束ニ後世たのしみ候事専要候者也
（大意）
一　どんなことがあっても自分で判断出来ない時は，親類に相談して万事決めなさい。
　右は私が普段から病気がちであるため，職家の心得の必要なことを荒増し書き置く。つまり忠孝者は言うまでもなく家名を大切に相続し妻を求め，子孫を残して子供の養育をきちんとし，常に保護しなさい。そして，長寿を保ち仏神に祈る心を持って，早く仏の心を起こして大善知識を持って一つになり，弥陀の本願を授かり，悟りを得て罪業は離れ，勇気の心を思い，今から後世を楽しむことが肝心なことである。

■第16条　先祖の命日は怠るな
一　先祖之霊年廻忌日命日ニ者，懈怠なく捧香華仏事供養之営ヲして，時節身分相応之施シ可致候様相心得可申候，謹言
（大意）
一　先祖の霊年回忌の命日には，怠ることなく焼香を捧げ，仏事を執り行って，その時々の身分に応じたやり方を心得なさい。謹言

　上記の史料からは，大別して4つのことが述べられている。1点目に，宮大工として学ぶべきことにかんしてである。とくに第1条と第3条は，宮大工職としての稽古，五行の定様，儒仏神三教の考え，読書とそろばんを研鑽するように述べている。ここからも技能と経営の両方の知識が金剛家の後継者に求められていたことがわかる。2点目に，対顧客の視点から述べられている。たとえば，第2条では，顧客の意向に従うことや，第4条，第7条，第11条，第12条では，出過ぎたことをせずに，言葉を丁寧にしなさいと諭している。また，第13条，第14条では，取引先の顧客に対して，値段や態度など正直に対応することを進言している。長期顧客関係を結んできた金剛家ならではの配慮がうかがえる。そして，3点目には，とくに家の存続を根本にして記されている。第15条では，親類に相談して，物事を決めるよう合議の重要性を説いている。このことは，技能の漏洩や金剛家内のもめごと等を防ぐ意味合いもあった。4点目に，対弟子や内人など徒弟制に関連することについて述べているのが特徴である。たとえば，第8条では，金剛の流派を承継し，組を支えていく弟子らを大切にするよう記している。

Ⅳ　長寿企業に見られた牽制メカニズム

　こうした金剛家に伝えられてきた家訓も，経営者たる当主のそもそもの資質に大きな難があると，先人の知恵の集積としての機能を果たしがたいのである。単なる「掛け声」となってしまうのである。
　しかし，金剛家の場合には，そうした難のある当主に対しては，厳しい制裁が発動されていた。「遺言書」に「不依何事自身ニ不相分候儀者，親類打寄相談之上万

事取計可致候事」，つまり，自分で判断できない時は，親類に相談して万事決めなさい，との文言が残されている。親戚筋に一目置いていたことがうかがえるが，この親戚筋や番頭そして現場で作業を取り仕切る各棟梁は，当主に対して強い発言力を持っており，本家当主の暴走や怠慢を防ぐ役割を担ってきたとされている[7]。

金剛家における当主の承継では，必ずしも長子相続が尊重されたわけではない。このことについて，40代目正和は次のように証言している。

「必ずしもうちは嫡子を尊重しているわけではなく，二男以下，婿をとるなど，指導力，健康で家長を選んだと聞いている。それで一代あたり平均35年と安定した経営になった（曽根・加護野，2007，18頁）」1400年余の歴史をもつ金剛家でも，歴代当主の能力いかんではその存続は危ういものであった。

さらに，金剛家に残されている家系図から証言を裏づける様々な情報を読むことができる。そこには，25代目是則が活躍した江戸初期の元和年間以降の歴代当主について詳細に記されている。25代目から40代目までの16代分の歴代当主を読み解くと半数以上となる10人の当主が長男以外もしくは他家から登用された人物であった。その具体例として，分家の柳家から入った32代目喜定は49歳で病死し，その嫡子，33代目喜幸が1807（文化5）年に若くして正大工職を受け継いだ。しかし，この33代目も26歳の若さで大病し，当主の座を降りている。このため，その弟の喜盛に34代目当主及び正大工職を譲ったものの34代目は，仕事に身が入らないという理由から，「職道不熟之為当家功ナシ」と判断が下され，こうした発言力をもった人々による合議によって，当主の座から降ろされた。また，当主の座から降ろすだけではなく，その後の禍根となることを恐れ，金剛家には残さずに他家に出すという徹底ぶりであった。さらに，他の史料では，34代目の存在自体が削除され，家の存続のためには危険分子は排除するという仕組みが

あったのである。この34代目当主が廃嫡されたため，伽藍再建などの大工事の継続が困難となり，最終的には分家である権大工の金剛太平治是氏（32代目当主喜定の弟）が工事担当を行った。また，権大工の為氏が柳家から入るかたちで36代目当主を継いでいる。

金剛家では，四天王寺のお抱えとして職責を全うするために，場合によっては，外から腕の立つ人間を取り入れ，世代や技能が連綿と続いてきた。これは，家の存

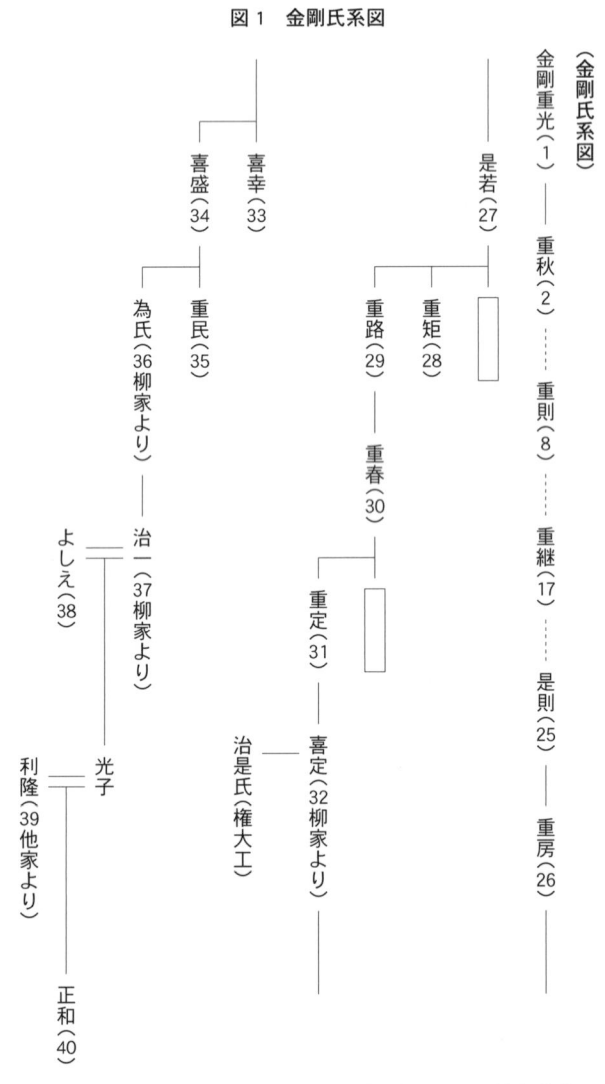

図1　金剛氏系図

（金剛氏系図）

金剛重光（1）―重秋（2）……重則（8）……重継（17）……是則（25）―重房（26）
　　　　　　　　　　　　　　　　　　　　　　　　　　　　　　　　　　　　└是若（27）―重矩（28）
　　└重路（29）―重春（30）―重定（31）―喜定（32柳家より）―喜幸（33）
　　└治是氏（権大工）
　　└喜盛（34）―重民（35）
　　└為氏（36柳家より）―治一（37柳家より）―よしえ（38）
　　└光子―利隆（39他家より）―正和（40）

出所：史料「金剛氏系図」，「柳家之系図」をもとに筆者作成。

続，四天王寺との関係維持，職責の全うという使命感から必然的に生み出された知恵であったと考えられる。

戦後も，利隆が懇願されて，外から金剛家に婿養子で入り，その後39代目当主として，組織の近代化など変革をさせた。

これらの事例から当主選びの基準は2つあったと考えられる。第1に，技能・技術力の発展・維持がお家存続の第一の条件となる金剛家において，棟梁としての資質に欠けた人間は直系であっても当主に出来ない。第2に，分家筋に当主就任の機会を与え，技能が失伝する危険性を押さえつつ，技能・技術力の発展及び維持を実現することであった。実際，「金剛氏系図」から確認出来るように，中興の祖と呼ばれた，32代目喜定の跡を継いだ息子らは，病弱や家業に身が入らないなどの理由から，喜定の弟の権大工家が正大工職に任じられている。

表1　金剛家の歴代当主（25代目以降）

25代目	是則	長男	元和年間活躍
26代目	重房	長男	寛文年間
27代目	是若	長男	元禄年間
28代目	重矩	二男	享保年間
29代目	重路	三男	享保年間
30代目	重春	長男	宝暦年間
31代目	重定	二男	安永年間
32代目	喜定	分家より	享和年間
33代目	喜幸	長男	文化年間
34代目	喜盛	二男	文政年間
35代目	喜永	三男	天保年間
36代目	為氏	分家より	幕末～明治
37代目	治一	分家より	明治～昭和
38代目	よしえ	治一の妻	昭和
39代目	利隆	他家より	昭和～平成
40代目	正和	長男	平成

出所：「金剛氏系図」，「柳家之系図」，インタビューをもとに筆者作成。

V　財務の保守

長寿企業の多くに観察される財務の保守性も金剛組にはみられる。それは，赤字さえ出さなければ，大きな利益は，追求しなくても良いという経営方針であり，受注高は年10％，社員も年5～6人それぞれふやす程度にとどめてきたという。その理由について，39代目利隆は，「大それたことをやって三十何代もつづいた家をつぶす危険を冒すより，一段ずつあがっていく方がいいと思っています。金剛家が続いてきた秘密は，こぢんまりと家業を継続し，人のうらやむほどの財産や利権がなかったからお家騒動などが起こらなかったんですね（曽根・加護野，2007，17頁）」と述べている。また，40代目正和も「うちは財産と呼べるほど多く資産は持っていないですから，逆にもめることもなくよかったのではないでしょうか（曽根・加護野，2007，17頁）」と述べ，江戸時代の代々の金剛家当主も服装から所作まで，身の丈にあった経営を提唱しているが，それを受け継いできたともいえよう。

さらには個人の給与からもそれがうかがえる。39代目利隆は，「別に社長になったから月給を倍もらうなど実際そんなことも何もないですからね。まあ仲良うやってきたわけですわ。それよりもええ仕事いただいて，しっかり仕事やってちゃんと利益も上げてええ仕事で施主さんにも喜んでいただいてというのが一番やということで，仕事，仕事，一生懸命，私はもうぐるぐるぐるぐるともう仕事を見て回りました。今でもそれをやってますけどね（曽根・加護野・吉村，2010，20頁）」

40代目正和も，「我々としては常にコンスタントに仕事を供給して，職人らが生活に困らないようにしようと。その結果として会社が成長すればいいなと。存続がベースにあってその上に成長ということを意識してきた。しかし，現状維持としてそれで良しとしたことはな

く，ただ無理な，自分たちのキャパシティを超えた，そういう成長というのは当然望まないです。あくまで我々は原点に常に立ち戻って，お客様にどれだけ満足していただけるかと考えて常に仕事していくというのが，僕は一番大事やないかと思う（曽根・加護野，2010，5頁）」と述べている。

これらの証言からもあきらかなように，金剛家では代々こうした財務の保守を意識し，無理な成長を追求しない経営を取り続けてきたのである。

VI 事業承継の重圧と姿勢

伝統ある事業を承継する際には，その重圧は計り知れないものがある。金剛家の歴代の当主は，その歴史の長さから重圧を常に感じてきた。これは，歴代当主の証言や行動からも明らかである。実際，37代目治一は，江戸時代以来の職人気質で営業活動には力を入れてこなかった。しかし，昭和大恐慌のあおりを受け，金剛家の家業は破綻寸前にまで陥る。このことに責任を感じた治一は，先祖にわびるとして，先祖の墓前で割腹自殺をして果ててしまう。

39代目利隆もこの治一の気持ちが痛いほどわかるという。37代目治一と38代目よしえの間には，男子は授からなかったものの，3人の娘がいた。初めは，長女の婿に金剛家を継がせようとしたが，長女の婿は，「1400年，30何代続いた金剛家を守っていくには荷が重く自信もない」と言って当主の座を断った。そこで，三女の光子の婿として，福井工専で近代建築を学んだ利隆に白羽の矢が立ち，1949（昭和24）年金剛家に婿入りすることとなる[8]。

当時について，39代目利隆は，「家業を継ぐことは，はじめはプレッシャーになるということまで考えておりませんでした。やはり1400年続いた金剛家の跡を継いでやね，四天王寺のお守りをするという役目をやっていかなければならんとなるとね，それはプレッシャーになりますよね。福井から出てくるときはそんなことなかった。深く考えてなかったですけどね（曽根・加護野・吉村，2010，6頁）」と述べているように，段々と重圧を感じるようになり，事業の存続についてより深く考えていくようになる。

一方で，40代目正和は，一人っ子であったが，とくに後を継ぐようには言われなかったという。しかし，幼少期より日常から作業現場に行き，身近な大工と遊び，金剛家での年中行事にも参加をしてきた。正和も「門前の小僧じゃないですが，ずっと大工さんのやっていることとかつくった建物をみていますと目になんとなくうつりますよね（中略）うちはお寺さんとの年中行事が多いんですよ。ですから，料理を作ったりすることを子どもの頃から手伝っていましたのでそういうところで普通の家とは違うことは認識していたのかもしれませんね（曽根・加護野，2007，15-17頁）」と述べているように，その後の家業の承継に対する抵抗感もなかったようである。しかし，社長就任後は，重責を強く感じるようになっていったという。

VII 技能の承継の仕組みと顧客関係

事業の承継は，当主（経営者）に限られたものではない。とくに宮大工組織において，技能を職人にも確実に承継させていくことが，存続していくうえで重要である。それは，前近代においては手工業が中心で，藩や寺社といった決まった顧客があり，市場の閉鎖性，不変性のもと，それに付随する技能が宮大工組織には求められた。そして，寺社などが求める技能に対して，応じていくことによって顧客を満足させ，安定的かつ長期的な顧客関係を結ぶことが出来たのである。このため，各宮大工企業は技能を磨くことに集中し，当主や棟梁を組織の頂点として，技能を維持，承継してきたのである。技能

の承継をめぐっては，組織内の人々が競い合う内部競争が重要なポイントである（曽根・吉村，2004：加護野，2005）。金剛家と各組の関係は，40代目正和が指摘するように，いわゆる家元（金剛家）と師匠（各組棟梁）の関係である。金剛組本体は，それぞれの組の力量を評価して仕事を割り当てることに注力し，各組は互いに技能で競い合い，仕事を取り合っていた。ようするに，小集団で仕事をしながら技能伝承及び，人を育てる仕組みを生み出していたのである。

さらには，1400年以上の間に四天王寺は大きな罹災だけでも10回ほどあり，そのたびに再建工事を行ってきた。しかし，裏を返せばこのような焼失，倒壊があったため，金剛家は財務的にも助けられ，また技能や技術を保ち，後世に承継することができた。また，37代目治一の昭和初期には，家業が困窮し廃業の危機を迎えたが，そんな折に関西地方を室戸台風が直撃し，四天王寺の五重塔が倒壊した。結果的には，その復興需要によって，金剛家は窮地を脱することができた。40代目正和も「焼失，倒壊によって逆に私たちも生き残れているのだと思います。それがなかったら需要がない。うちは少なくとも大きな立て直しだけでも8回していますからね（曽根・加護野，2007，15頁）」と述べている。このように，技能や技術の承継にあたっては，顧客との取引関係も重要な意味をもっていた[9]。

金剛組が1400年以上続いてきた大きな理由について39代目利隆は，「やっぱり四天王寺が育ててくれたというかね，金剛家に仕事を与えてくれたっていうかね，仕事があってもなくても手間賃もあるだろうし，ちゃんと守ってやってくれるということで四天王寺にしがみついてきたのでずっと今まで続いてきたというふうに思いますね（曽根・加護野・吉村，2010，17頁）」と述べている。40代目正和も，「金剛家とお客様の関係，金剛家と棟梁たちとのつながりでこれまでずっとかわらずやってきたわけですからね。信頼関係を構築してきたわけです。これを切り離しては長期存続は考えられないでしょうね（曽根・加護野，2007，14頁）」と述べ，顧客である四天王寺との関係，そして，顧客との関係を維持するために必要な人材の育成，技能の承継を意識し，信頼関係の構築に尽力をしてきたことが長期存続につながってきた。

さらに顧客である四天王寺は，扶持米からもわかるように仕事を保証する形で金剛家と結びついてきた。

おわりに

本稿では，長寿企業である金剛組の事例をあげ，長寿企業の事業承継について，その「先人の知恵の集積」たる家訓や経営上の慣行を検討してきた。事業の存続を至上命題として，金剛組を取り巻く環境の変化に合わせて，組織や人材，技術の革新を行う一方で，事業の根幹は守っていることが明らかとなった。そして，存続を至上命題とした金剛組の事業承継の重要なポイントとして当主及び職人など幾重にも張り巡らされた承継への知恵の集積の存在があったのである。

また，金剛組の組織構造は，主として顧客関係に規定され，技能の修得・承継には競争的契機が埋め込まれていた。大工集団である組を基礎に，組頭である「棟梁」と金剛家当主である「惣棟梁」＝「正大工」との忠誠関係を形成した。そして，統率力，技能の優れたものを直系にこだわらず正大工にすることもあるという習慣が存在したのである。金剛家や別家の人々が，家業の衰退は当主（経営者）やそのもとで技能を承継する職人の能力や性格による要因が大きいことを，経験則から感じ取っていたと考える。

今後，さらに先人たちの「知恵」を抽出し，現代の企業経営に資する形に翻訳していくことが求められる。また，本稿では主に金剛組の事業承継に着目してきたが，今後は，金剛組に加え，さらに他の長寿企業についても

一層調査し，伝統組織における事業承継の実態をより明らかにしていきたい。

注

1) これまでの組織論は，「適応」中心の議論であり，Orgnizational ecology や老舗企業研究が，存続について議論しはじめた。また，衰退にかんする研究は，今口（1993：2000 ほか）があるが，こうした衰退にかんする研究が少ない理由として，今口（1993）は，衰退にかんするデータ収集の難しさ，研究者の衰退にかんする考え方の偏りや衰退がライフサイクルの必然の帰結ではないことをあげている。

2) 金剛利隆　1924（大正13）年生まれ。福井県福井市出身。福井工専で近代建築を学び，1949（昭和24）年に遠い親戚関係でもある金剛家第38代当主の金剛よしえ氏三女，光子氏と結婚，娘婿として金剛家に入る。1955（昭和30）年に金剛組が株式会社に改組した際に専務，1964（昭和39）年に39代目当主として金剛組社長に就任。2002（平成14）年に長男の金剛正和氏に社長を譲り本人は会長に就任した。2005（平成17）年12月に金剛組が高松建設の傘下に入ると正和氏は退任（その後顧問に就任），本人は相談役に就任し今に至る。

3) 金剛正和　1949（昭和24）年生まれ。大阪府出身。天王寺高校卒業後，アメリカ・カリフォルニア大学ロサンゼルス分校で建築を学びその後株式会社金剛組に入社。入社後は掃除から始まり現場で経験を積んでいった。2002（平成14）年9月に父利隆氏の後を継ぎ代表取締役社長，40代目当主に就任した。2005（平成17）年，高松建設に営業譲渡したため，同年12月25日付けで取締役を退任。その後，様々な要職を歴任し，金剛組の顧問を2010（平成22）年12月まで務めた。

4) これまで筆者は，長寿企業，とくに金剛組を含む技能系老舗企業を中心に研究を行ってきた。金剛組に関する研究の詳細は，曽根（2008；2010），曽根・加護野（2007），曽根・吉村（2002；2004），吉村・曽根（2005）などがある。

5) 1999（平成11）年4月期には年売上高約130億5500万円を上げ，2000（平成12）年には首都圏営業強化のため東京支店を設置している。しかし，2005（平成17）年同期の年売上高は約75億300万円に減少し，負債額も40億円となった。このため2006（平成18）年1月に高松建設に営業権譲渡を行い，高松建設の傘下となった。

6) 39代目「柳家から来た37代目のお嫁さんが私の母親ですからね（曽根・加護野・吉村，2010，13頁）」40代目「37代目は柳家から来てるんですよ。だからまあ血筋は当然続いているんですが，江戸時代，分家のほうの柳のほうから正大工になったりとかそういうのがあったみたいですから。ですからどっちがどっちともいえないですね。お互いにカバーしあっていた状態で，結局最終的に私の祖父が，戦前に亡くなっているんですが，柳のほうから金剛家の正大工を継いだという，そういうことだったんですね。だから血筋の問題は全く途絶えてないんです。系図の上でも一応そういうことが2本線で平行にたどったりとかまた戻ったりとかね（曽根・加護野・吉村，2010，13頁）」

7) 長期間家業が存続する根底には伝統的な家制度があったといわれる（中野，1964；三戸，1991）。日本の社会では必ずしも長子存続へのこだわりは必ずしも強いものではなく，血縁者以外の人材を家の存続，発展のために取りこむという伝統をもっていた。そのためにいかに人材を育てるかが一貫した課題であり，必ずしも嫡子を後継者とはせずに優秀な者を取り込むなどしている。

8) 39代目「37代も続いた金剛家をよう守りきらんということで，お前が金剛家へ来て，跡を継いでくれんかということで，それで私が呼ばれてきたと，（中略）で，決心をして，そのことを四天王寺へ，私と母親（38代目）が，出向いて大僧正に申し上げたんだね。私が38代を継いで，でもまあできませんので，私の娘の婿に跡を継がせますが，ご了承いただきたいと言うて，大僧正へお願いに行ったんですよ（曽根・加護野・吉村，2010，6頁）」

9) 同じ宮大工で，高野山御用達の大彦組は，300年の歴史をもつ。高野山は山上という地理的条件から幾度も落雷による火災に遭い，その都度再建されてきた。また20数年ごとに遷宮が行われてきた。このように幾度もの焼失や定期的な遷宮，さらにはお寺と大工の絆が強かったことも長期存続の理由にあげられるであろうと現社長の10代目辻本彦兵衛も述べている。

引用文献

[和文文献]

・足立政男（1990）『シニセの家訓―企業商店・永続の秘訣―』心交社。
・今口忠政（1993）『組織の成長と衰退』白桃書房。
・今口忠政（2000）「わが国企業の成長・衰退類型と健全性―上場企業と京都企業調査をもとに―」『三田商学研究』第43巻特別号，23-30頁。
・上村雅洋（2005）「近江商人の経営と危険分散」『経済理論』第325号。
・加護野忠男（2005）「相撲部屋の『人事・報酬制度』に学べ」

『PRESIDENT』2005 年 10 月 17 日号，151-153 頁。
・曽根秀一（2008）「老舗企業における長期存続要因にかんする研究―金剛組の経営理念と組織を中心に―」『びわこ経済論集』第 6 巻第 1・2 号，109-138 頁。
・曽根秀一（2010a）「老舗企業の存続と衰退のメカニズム―宮大工企業の比較分析を通じて―」滋賀大学大学院経済学研究科博士論文。
・曽根秀一（2010b）「老舗企業と地元企業との相互依存関係について―老舗宮大工企業を中心に―」『地域学研究』第 40 巻第 3 号，695-708 頁。
・曽根秀一・加護野忠男（2007）「金剛組―40 代当主にきく―」『神戸大学 Discussion Paper』（神戸大学経営学部）No. 842。
・曽根秀一・加護野忠男（2010）「（調査報告）長寿企業の技能伝承と経営」『神戸大学 Discussion Paper Series』（神戸大学経営学部）2010-63。
・曽根秀一・加護野忠男・吉村典久（2010）「（調査報告）長寿企業における事業継承と同族経営」『神戸大学 Discussion Paper Series』（神戸大学経営学部）2010-67。
・曽根秀一・吉村典久（2002）「建築業界における競争優位の研究」『Working Paper Series―Faculty of Economics Wakayama University』（和歌山大学経済学部）No. 02-07。
・曽根秀一・吉村典久（2004）「（調査報告）金剛組―家訓『遺言書』を中心に―」『Working Paper Series―Faculty of Economics Wakayama University』（和歌山大学経済学部）No. 04-19。
・竹中靖一（1977）『日本的経営の源流』ミネルヴァ書房。
・中野卓（1964）『商家同族団の研究―暖簾をめぐる家研究―』未来社。
・三戸公（1991）『家の論理〔第二巻〕―日本的経営の成立―』文眞堂。
・宮本又次（1941）『近世商人意識の研究―家訓及店則と日本商人道―』有斐閣。
・安岡重明・天野雅敏編（1995）『近世的経営の展開』岩波書店。
・横澤利昌編著（2000）『老舗企業の研究』生産性出版社。
・吉村典久・曽根秀一（2005）「長期存続企業の家訓にかんする準備的な研究」『研究年報』第 9 号，73-91 頁。

[欧文文献]
・Hirschmeier (1975) *The Development of Japanese Business, 1600-1973*, George Allen & Unwin, Harvard University Press.
・O'Hara, W. T. (2004) *Centuries of Success: Lessons from the World's Most Enduring Family Businesses*, Adams Media.

史料

「金剛氏系図」（金剛家文書）
「柳家之系図」（金剛家文書）
「遺言書」（金剛家文書）

謝辞

本稿の完成に際し，匿名レフェリーの先生方より貴重なコメントを賜った。

また，第 39 代当主金剛利隆氏，第 40 代当主金剛正和氏からインタビュー調査及び史料閲覧等で多大の便宜を得た。ここに記して深く感謝いたします。もちろん，ありうべき誤謬は筆者に帰するものです。

本稿は，科学研究費補助金（特別研究員奨励費）による研究成果の一部である。

組織行動学の見地から捉えた事業承継
―ものづくり企業の組織構造との関連性―

桑木小恵子（同志社大学　技術・企業・国際競争力研究センター共同研究員
／㈱SAEマネジメント代表取締役）

高嶋博之（㈱SAEマネジメント技術戦略部長）

要旨

　事業承継は企業が長期間存続する上で，必ず遭遇するイベントである。多くの企業が存在する中で，常にどこかの企業で起こっている出来事ではあるが，事業承継はその企業にとって存続をも脅かすような大きな影響力を持つものでもある。殊に技術の伝承においては大きなインパクトを持つ。ところが，事業承継の研究において，ものづくり企業における技術の伝承に関しては充分な議論がなされていない。企業内の技術の創造は，「人」による要因を多分に含むことから，技術を余すことなく伝承するとともに，次世代の経営組織を有効に機能させることが，企業の競争力をより強く方向付けするのである。本稿では，組織行動学をベースとして事業承継時に考慮すべきポイントを導出するとともに，特にものづくり企業の技術の伝承にフォーカスし，技術が企業の資産であるととらえ，その承継について考察する。

　まず，企業の組織構造とその成り立ちを考究し，企業組織形成段階におけるトップ・マネジメントの位置づけを明確にする。次に，事業承継時の企業組織の変革方法を組織行動学に鑑み示す。さらに，企業の中に存在する技術の構造を分析し，事業承継が技術経営に及ぼす影響を明確化することで，対処方法を導いた。

　企業組織の成長段階の違いにより，トップ・マネジメントによる組織への関わり方も大きく異なる。ここに着眼して企業の成長の5段階にてらし，必要とされる対応へのポイントを各段階ごとにまとめた。

Business Succession from the Viewpoint of Organization Behavior
Relations with the Structure of the Organization of the Manufacturing Company

KUWAKI Saeko, Doshisha Univershity/ SAE Management Co., Ltd.
TAKASHIMA Hiroyuki, SAE Management Co., Ltd.

Abstract

Business succession occurs in all companies which continue for a long term. Business succession is happening in some company everyday experience. But, the business succession has big influence to threaten the continuation of the company. In the technology succession, the business succession has a big impact. The technology creation in the company includes a lot of factors of the person. Therefore, we succeed a technology to the next generation, and we must functionalize a next generation management organization effectively. As a result, the competitiveness of the company is raised more. In this report, we show a point at the business succession based on an organization behavier and consider the technology succession of the production company. In the study of the business succession of today, there are not enough studies on succession of the technology in the manufacturing company. We think that the technology of the manufacturing company is the assets, and we consider the succession.

In this report, we studied organization structure and the history of the establishment, and we defined the positioning of the top management. And we defined the change of the company organization at the business succession by organization behavier. We analyzed the technology structure in the company, and we defined the method by considering influence on technology management by the business succession. The relations of oganization are different from top management depending on the stage of growth of the company. We define the point every each stage from five phases of the growth of the company.

Key Words：事業承継，組織行動学，技術経営　Business succession, Organization behavior, Technology management

論文 組織行動学の見地から捉えた事業承継—ものづくり企業の組織構造との関連性—

I はじめに

　事業承継は企業が長期間存続する上で，必ず遭遇するイベントである。多くの企業が存在する中で，常にどこかの企業で起こっている出来事ではあるが，事業承継はその企業にとって存続をも脅かすような大きな影響力を持つものでもある。殊に技術の伝承においては大きなインパクトを持つ。企業内に育まれている共鳴場[1]や暗黙知[2]の伝承は「人」の要因を多分に含むことから，技術を余すことなく伝承するとともに，次世代の経営組織を有効に機能させることが，企業の競争力をより強く方向付けするのである。

　事業承継は企業がトップ・マネジメントの変更を行うことであり，組織変更の一形態であると考えられることから，本稿ではこの事業承継を組織行動学の見地から捉えた。そして，組織行動学をベースとして事業承継時に考慮すべきポイントを本稿の結論として明確にした。

　企業組織に関して，組織行動学の見地から幾多の議論がなされているが，その多くは実際に存在する企業の組織構造を俯瞰し，分析することに焦点を当てたものである。一方，本稿は事業承継における技術の伝承に焦点を当て，トップ・マネジメントとその後継者の振る舞いを中心に，企業組織形成段階におけるトップ・マネジメントの役割を考えたものである。ここでは，組織の形成段階からの時系列な変化を論じる上で，ミンツバーグ（1981）の論を引用した。ミンツバーグの論において，創生期から成長していく企業組織は，創業者の考えを基に人と人のバランスを保ちながら徐々に形成されるため，組織の構成員間で大きなコンフリクトは発生しにくく，スムースに形成されてくる。組織構造から考えれば，事業承継とはトップ・マネジメントという単なる組織の構成要素の変更にすぎないが，その構成要素は指令を出す「人」であり，事業承継はそれまでバランスを保ちながら形成されてきた組織構成の調和を崩すことにもつながる。事業承継後においても，組織が継続的に安定して成長するためには，ここで発生するコンフリクトを抑えていくとともに育まれてきた技術創出の仕組みを守っていく必要がある。

　また，事業承継後の企業を活発に機能させる上で，組織構成を再考することも大切となる。コリンズ（2001）が述べたように，重要な機能を担う古参幹部の配置は，後継者による後の事業運営に大きな影響をもたらす。先代の承継者の時と同様に重用すべき古参幹部もいれば，退任させるべき古参幹部もいるであろう。組織の再構築は，ミンツバーグの示した人と人とのバランスも加味しながら，先代の承継者を含めて予め考慮しておく必要がある。さらに，企業内の構成員に対しての事業承継の意識付けも必要である。レヴィンの示した変革課程の3段階が，構成員の変革に対して有効となるであろう。

　加えてグレイナー（1979）による成長の5段階に鑑み，先に述べた，ミンツバーグやコリンズの示した理論からの考察も織り込んで，企業の成長段階に応じた事業承継への対応の理論的なポイントを示す。結論として導くVI章の図7（企業の成長過程と事業承継における組織的な対応のポイント）は，その時の企業組織の成長過程に応じて，トップ・マネジメントの組織への関わり方も大きく異なると考えられることから，その対応ポイントを示した。

II 企業の組織構造

　本章では，企業組織形成段階におけるトップ・マネジメントの役割を，組織の組成から考える。そして，組織の形成段階からその役割を論じる上で，ミンツバーグの示した，組織の基本要素と，5つのコンフィギュレーションの考えを基に考察する。

図1 組織の5つの基本要素

出所：ミンツバーグ（1981）。

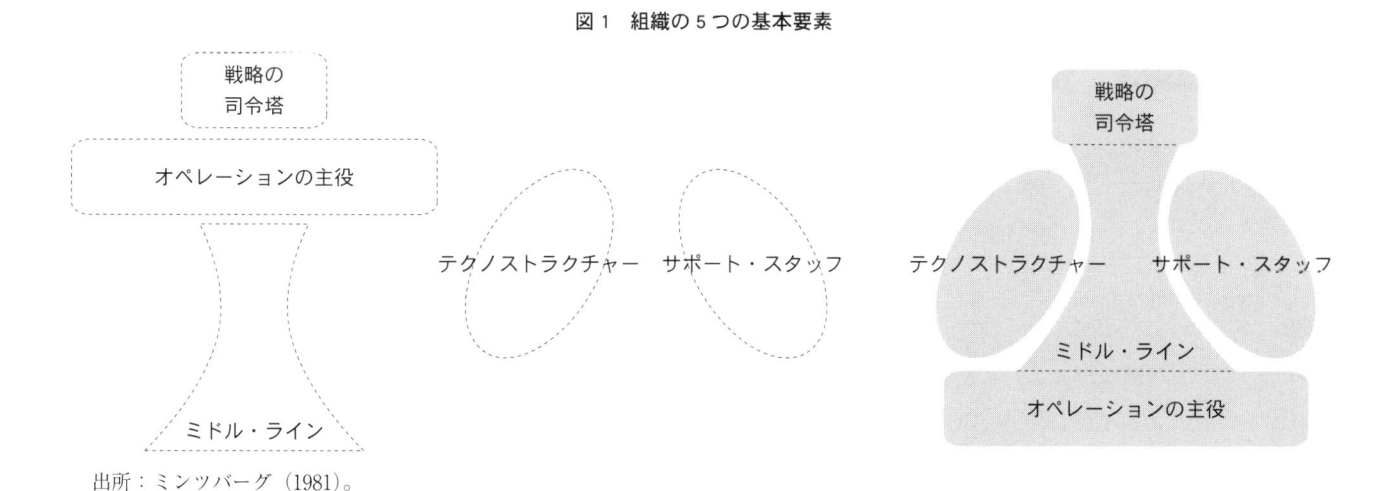

1 企業の組織構造とその成り立ち

ミンツバーグは、「組織は、まずある考えをもった人間から始まる。この人間が戦略の司令塔、言葉を変えればトップ・マネジメントを形成する。この司令塔はオペレーションの主役というべきところに、組織の基本的作業を担当する人たちを雇う。組織が成長するにつれ、CEOと労働者の中間に中間管理職ができ、彼らがミドル・ラインを形成する。このほか、組織には二種類のスタッフ職が必要になるかもしれない。第一のスタッフはテクノストラクチャー（分析スタッフ）であり、もう一つはサポート・スタッフである。以上の五つの構成部分を結びつけると、組織の全体像が出来上がる。」と述べている（図1）。また、「優れた組織は構成ユニットに一貫性があり、一つの要素を変えるときには、その他の全てに与える影響を考えなければならない。」さらに、「組織の特徴は、原子から天体にいたるすべての現象に似て、自然に群れを成し、いくつかのコンフィギュレーション（相対的配置）に落ち着く。」とも述べている。

組織の形成段階では、戦略の司令塔であるトップ・マネジメントの意思どおりに企業は組み立てられる。企業の組織は、その目標に向かって行動するとき、もっともふさわしい形となるように人が配置していくのである。ただし、ミンツバーグが言うように、構成員が妥当なコンフィギュレーションに位置するまでには、それら人々の思惑や、経営力・技術力といった能力における力関係がつりあいを保つ必要がある。企業創生期には、長い時間を経て創業者の意図を反映しながら、その周りに組織が作り出された。組織の中にいる人と人のポジションを巡ってのコンフリクトの末に、バランスを保ちながら落ち着いた結果である。

本稿の論点である事業承継は、企業のトップ・マネジメントが老齢となり、その企業の経営を後継者に引き継ぐことである。組織の見地からすれば戦略の司令塔としてのトップ・マネジメントといえども組織の構成要素の一つに過ぎず、組織機能の組成の置き換えであるといえる。その観点から考えれば、仮にトップ・マネジメントとなる後継者が創業者と同一の意識と同一の力量を持っていれば、戦略の司令塔としての機能は同じであり、組織としての構成は事業承継前後で変える必要は無いはずである。

2 企業の組織と機能

企業の組織は、その目的に向かって行動するためにふ

図2 組織の5つのコンフィギュレーション

単純構造　機械的官僚制　プロフェッショナル官僚制　事業部制　アドホクラシー

出所：ミンツバーグ（1981）

さわしい形として構成される。もともと，トップ・マネジメントのみによって行われていた仕事の規模が拡大することで業務量が増大し，対応しきれなくなることからその仕事を分担するために組織は形作られる。仕事を多種多様に分割し，それぞれの仕事を調整することで，仕事の負荷を分担するのである。その調整をいかなる方法で―だれがどんな手段で―実現するかによって，組織がどんな形をとるかが決まってくる。ミンツバーグのいう組織の形態として，以下の①〜⑤に示す5つのコンフィギュレーションがある。

① 単純構造…CEOが命令を下す。最低限のスタッフとミドル・ラインしか持たない構造。
② 機械的官僚制…作業プロセスの標準化により調整が進められる。組織の全管理構造の拡充が必要となる。
③ プロフェッショナル的官僚制…熟練した専門職とサポート・スタッフによる構造。テクノストラクチャーやミドル・ラインには，それほど力を入れる必要はない。
④ 事業部制…各ユニットのミドルに自主性が認められる。調整はこれら業務ユニットのアウトプットの標準化により達成される。
⑤ アドホクラシー…サポート・スタッフに見識あるスペシャリストを使い，相互調節により調整されたプロジェクト・チームで，彼らに共同作業させる。

これら組織は，図1に示した5つの基本要素により形つくられる。この5つのコンフィギュレーションと，その組織構造について図2に示す。

Ⅲ　事業承継とものづくり企業の組織構造との関連性

1　後継者と古参幹部とのコンフリクト

創業者は自身の周りに適した人を配置することで，組織を最適化し，企業内の力関係を構築してきた。ミンツバーグの言うように，「組織は，いくつかのコンフィギュレーション（相対的配置）に落ち着く。」ことになったのである。すなわち，構成員同士のバランスは，トップである創業者を中心に構成され保たれていたのである。しかしながら，事業承継というフェーズは，企業の求心力の源となっていた戦略の司令塔であるトップ・マネジメントが新たな後継者に入れ替わるものである。Ⅱ章1節で示したように，組織構造からみると事業承継は単なる戦略の司令塔の置き換えと考えられる。しかし，形式的に後継者が創業者と入れ替わっただけでは，その周りにいた古参幹部（ミドル・ラインの人たち）との間にコンフリクトが発生する。また，そこにある共鳴場も失われる。古参幹部らは後継者にも創業者と同様な判断や能力を要求するのであろうが，それとは異なり後継者は新たな考えを持ち自身による理想の経営を考えて

いるからである。会社経験が長く，自身の仕事の進め方に自負のある古参幹部らは，後継者の考えを受け入れ難いのが実情であろう。

また，後継者の立場からすれば，創業者の周りにいた経験豊富な人たちを扱うことは難しいであろう。この旧態依然の考えを持つ古参幹部は自分よりも企業の状態や内容を詳細に知っているだけに後継者にとっては言葉を返しにくい。

ミンツバーグの表現を流用して例えるなら，後継者の力よりもその周りにいる人たちの力が強く，相対的配置（バランス）が崩れている状況になっていると考えられる。さらに，それまで創業者によって押さえられていた力が解放され，古参幹部ら同士の力関係もバランスを崩す結果となりかねない不安定な状態にあるのである。

そもそも，人は変化を嫌う生き物である。人は社会的環境内のさまざまな対象と接触しているうちに，各人の内部に，それらの対象に対する一定の構え（attitude）が形成されると考えられる[3]。すなわち，企業内の古参幹部らは創業者とともに業務を行い，創業者からつねにすり込まれ体得してきた経営方針を貫こうと行動する。古参幹部らは，新たな手法を用いて企業を活性化していこうとする後継者を快くは見ない場合が多いのではなかろうか。しかし，持続的イノベーションの発現につながることが多い後継者の改革が時流に合致したものであるならば，企業の存続と繁栄に必要なものと捉えるべきである。その点から考えると，創業者にとって強力な戦力であった古参幹部らも，後継者にとっては足手まといとなり，企業成長を阻む要因になりかねない。このような，事業承継を機に改革を進めようとする後継者と，それに抵抗する古参幹部が対立する例は，多くの企業で現実に発生している[4]。

技術創造の観点にウェイトを置き見た場合でも，事業承継前の組織構造は，ミンツバーグの言うように相対的配置の最適化がなされているはずである。創業者を核として，主要技術に関する会話がなされ，その技術を用いた製品や生産ラインが作り出されてきているはずである。しかし，トップ・マネジメントの交代に伴うコンフリクトは，技術創造のための後継者の指示を組織内に正確に伝わりにくくするとともに，後継者と古参幹部との間の共鳴場の形成を阻害する。創業者との間にあった「阿吽の呼吸」のような，ものづくりにおける当事者同士の共鳴は，志を共にしないと難しい。ここで，「場」とは，異なる個性や生き方をする多様な存在が，共有しそしてそれらの存在全体を包み込む全体的な生命の活きをいい，「共鳴場」はその一類型であり技術創造になくてはならない働きをする「場」のことを言う[5]。

2　組織の再構築

では，事業承継後の企業に適した組織の再構築をどのように考えればよいのであろうか。コリンズ（2001）は，最初に人を選び，その後に目標を選ぶとしている。コリンズは企業をバスにたとえ，「適切な人がバスに乗り，適切な人がそれぞれふさわしい席につき，不適切な人がバスから降りれば，素晴らしい場所に行く方法を決められるはずだ。」と述べている。企業を繁栄させるために，構成員の見直しやポジションの見直しも必要であることを示している。事業承継に臨む企業にとって，この理論の発動は有効であるといえる。企業の繁栄に不適切な古参幹部は退場させることを意味する。改革の良し悪しは，結果として企業が成長したか否かで判断するしかないが，最も妥当な手法として，事業承継をする前に，事業承継後の新体制について，創業者と後継者，及び古参幹部らによって意思統一を図ることが大切であろう。コリンズのバスの議論に例えれば，新しい体制にそぐわないと判断した古参幹部は，バスに乗車させ続けるわけにはいかないであろう。事業承継を準備するに当たって，後継者と企業のミドル・ラインとの間に距離が生まれないように組織を整備しておくことは，先代であ

論文 組織行動学の見地から捉えた事業承継―ものづくり企業の組織構造との関連性―

る創業者の大切な役割である。

　さらに，ドラッカー（1966）が，「組織といえども人それぞれがもつ弱みを克服することはできない。しかし組織は，人の弱みを意味の無いものにすることができる。」と述べたように，組織は，各々の人の強みを外に向けることで，構成する人々の弱みを補完する機能を有する。後継者の強みと弱みを意図した布陣になるよう，組織を作り変えておくことが，創業者の大切な仕事であるだろう。

　先に述べた，コリンズのバスの議論においては，創業者も例外ではなくバスの乗員である。創業者は自身の育てた企業の存続が心配であるがゆえに，交代の後も企業に発言力を残したがる。しかし，創業者が経営に干渉すると，その分，後継者の経験習得の場は削がれていく。事業承継において創業者は適切な準備をして，間違いなくバスから降りなければならない。

3　事業承継後の企業内求心力の維持

　企業の成長とともに歩んできた創業者は大きな求心力を持ち，組織の構成員全てを巻き込みながら，企業が進むべきベクトルを定めることで企業は成長してきた。創業者は，企業の中の生産工程や事務作業のオペレーション全般を熟知し，企業を構成する従業員の一人ひとりと仕事についての細かな話ができるだろう。そして，企業価値の創造に積極的であるはずの創業者は，従業員の一人ひとりの言葉に耳を傾けてきたはずである。その，創業者とのインタラクションは，従業員にとって大きな意欲につながってきた。本田技研の本田宗一郎においても然りである。本田は，米国に初めて工場を建設した際にツナギ姿で現れ，現地工員ひとりひとりと握手して激励した。工員たちは，伝説的存在であるミスター・ホンダが自分たちと同じ格好で親しく接してくれたことに感動し，米国に進出した日本企業を必ずと言ってよいほど悩ませていた労働争議が，ホンダに限っては一度も起きな

かったという逸話がある。

　創業者は，リーダーシップの点で企業内に大きな求心力を持っている。企業を構成する人たちは，この求心力に惹かれて集まってきている。事業承継の対象となる後継者が創業者の持つ魅力を創業者と同様なレベルで備えることができていれば，創業者のポジションを引き継ぐことのみで組織上の事業承継は完結するはずである。

　後継者の大きなジレンマの一つとして，創業者のカリスマ性がないにも拘わらず，創業者同様にあるいはそれ以上に，経営成果の達成が期待されることである。人は指示や命令だけでは動かない。後継者の事業承継の理念と行動を観察している。後継者は，企業組織との信頼関係を構築し，方向性（イノベーション）を明確に示すことが必要である。事業承継という組織変革において，企業の構成員をサポートするエンパワーメントが強く求められる。変革には常に抵抗が伴い，実行に移すのは難しいものである。しかしながら，抵抗の原因を突き止め，適切な対応をとることができなければ，変革は成し遂げられない。

　変革を成功させるためには，後継者に対しての求心力を高めて，抵抗を抑制することが不可欠となる。

　すでに述べてきたとおり，単なるトップ・マネジメントの変更といえども，構成員にとって今まで慕ってきた創業者から，別の人である後継者に変わるのである。そのため，構成員の変革に対する抵抗感を薄めなければ事業承継は成し遂げることができない。一般的に人にとって，現状を維持することが安定であり，変革に対しては大きなエネルギーが必要となるのである。企業のトップの変更には改革が必然であると構成員全体に意識付けさせる必要がある。創業者が老齢となり，対外的に強いパフォーマンスを有する後継者に承継することで，企業としての競争力が増すことが示されれば構成員にとって問題は生じない。レヴィンは，変革の成功のためには，現状の「解凍」，新しい状態への「変革（移動）」，そして

表1 レヴィンによる変革課程の3段階

解凍…組織の構成員に均衡のとれた現状からの変革の必要性を示し，現状から離れた方向に行動を起こさせる力（推進力）を増加させるとともに，既存の均衡から離れた動きを妨害する力（拘束力）を低下させる段階。
変革（移動）…組織の構成員に対して，新たな変化を与える段階。
再凍結…新しい状況（変革）を組織の構成員に定着させる段階。

出所：ステファン・P.ロビンス（1997）の本文を筆者が要約。

新しい変革を永久化するための「再凍結」が必要であると述べている（表1）。

企業の構成員に事業承継の必要性を理解させ，後継者の位置づけを明確化することが，企業の変革にとって非常に重要な意味を持つ。後継者を組織の中で，どのようにトップ・マネジメントとして認識させていくのか。このレヴィンの理論によれば，

(解凍) マネジメント面や製品（成果物）の面で社会的に定評ある他の会社で若干の経験を積ませて，若い時期に自身の企業に入社し，構成員とコミュニケーションを常に意識させる（卒業後すぐの自社への入社ではなく。構成員とは若干の差別化をしておくと活動させやすい）。小さな成果を出させながら昇格させ，次期のトップ・マネジメントとして自他共に意識させる。

(変革) ある程度昇格した段階で事業承継を行い，創業者は後継者にトップ・マネジメントを引き継ぐ。同時に古参幹部も，企業から勇退させる。構成員に，新体制への変革を意識させる。

(再凍結) 後継者はトップ・マネジメントとしてオペレーションをはじめ，本格的に後継者の考えを基にした企業運営を始める。

といった，段階が企業の構成員の意識を変えさせる結果につながるものと考えられる。

IV 企業内における技術の形

II章とIII章では，企業の組織構造やそのマネジメントに対する事業承継の影響を考えてきた。このIV章では，企業の中にある技術の形とその流動について整理し，事業承継の影響を最小限にするための技術経営の在り方を導く礎を構成する。

技術を有する企業において，その技術の伝承は重要な課題である。特に創世期に近い，若い企業ほどトップ・マネジメントやマネジメント層の有する技術がすべてであり，さらにそれらの技術は明文化（形式知[6]化）も行われていない状況であると思われる。会話のみで，必要となる技術についてのディスカッションも行われているだろう。トップ・マネジメントらの間では，対象となる製品のコンセプトを明確に共有できていることから，共鳴場が形成されていると考えられ技術の意思疎通は容易であろう。しかし，この創世期に近い段階の企業では，技術の伝承の上では考慮すべき点が多い。主要な技術が一握りの人たちの暗黙知として存在することや，経験として蓄積されてきた技術を形式知として，伝承すべき対象者に伝えることは，容易ではないはずである。

一方，歴史の深い企業では，複数の人で技術を共有しなければならない組織の性格上，手順書や設計基準書などの技術の形式知化が進んでおり，伝承は比較的容易であると考えられる。まず，企業内に存在するこれら技術を分類して考察する。

1 企業におけるテクノロジーの種類

企業における技術（とその媒体）は，図3に示すように3種類に分類できる。本稿では，企業内にある非開示の技術を「クローズド・テクノロジー」，企業内にある

図3　企業における技術（とその媒体）

クローズド・テクノロジー	企業内にある非開示の技術や，製造方法・基準類・内規などルーチン化（ルール化）された技術	企業の技術の根底にある，企業内に蓄積された技術をさすもので，このクローズド・テクノロジーを基に構成員の固有能力や業界内の技術が構成されて，企業の競争力を生み出す。	製造手法・経験による ・工作図・工程管理表 ・規格管理・レシピ　　　等
			企業内ナレッジ ・適合基準・品質システム ・基準・内規・手順書　　　等
			製品に織り込まれるもの ・ソフトウェアソース・設計図面　等
			設備として保有するもの ・工程設計書・生産設備　　等
			管理に用いるもの ・職能基準・調達基準　　　等
フローティング・テクノロジー	企業内にある人の記憶や学習に帰属する技術	能力の高い人の雇用は，フローティング・テクノロジーを強化する。前職等で個人にすりこまれたクローズド・テクノロジーを取り込む効果もある。逆に，退職時の機密事項の不所持確認や，競合への再就職に制約を設ける誓約などにより技術の流出の抑止を図る。	・開発・設計者自身 ・個人が持つ（他社の）クローズド・テクノロジー　　　等
オープン・テクノロジー	業界標準として広く流通し，公開される性格を持つ技術	企業が自社技術を公開し，公知の技術として他社の権利化を阻む目的で使われることの多い技報や，権利化を目的とした特許などとして公開される。 （製品化された技術に対して，若干遅れて公開される性格を持つ。中核技術は概要にとどまる）	・技報・特許・論文・規格・法規　　　　　　　　　　　　等

出所：筆者作成。

人の記憶や学習に帰属する技術を「フローティング・テクノロジー」，業界標準として広く流通し公開される性格を持つ技術を「オープン・テクノロジー」と定義して用いる。

　クローズド・テクノロジーは企業の技術の根底にある，企業内に蓄積された技術をさす。形式知化が進むに従い，書面として蓄積されるようになる。また企業風土なども，クローズド・テクノロジーの一角として形成される。この，企業の持つクローズド・テクノロジーを基礎として，製品開発や設計が行われる。企業の構成員は後述するフローティング・テクノロジーをその上に積み上げ，重ねて構成された能力とオープン・テクノロジーを使って製品を設計する。このクローズド・テクノロジーはナレッジ（ノウハウ）となって企業のIntangible Asset（無形資産）を構成する。このクローズド・テクノロジーに含まれる技術レベルが高いと，構成員は個人の技術レベルの高い低いにかかわらず一定レベルの製品を設計できるようになる。つまり，企業の競争力の根底は，このクローズド・テクノロジー部分により構成されるのである。そのため最近では，このクローズド・テクノロジーを機密として認識し，担当設計分野を逸脱したナレッジは企業の構成員であっても見ることをできなくしたり，電子データ化して印刷禁止にするなど，社外流出の抑止をはかり始めている。最先端の技術をもつトヨタ自動車株式会社（以降，トヨタ）や株式会社デンソー（以降，デンソー）では，技術基準等の基準類は社内のイントラネットの中に保管され，登録されたIDを持つ人でないと閲覧できなくしている。さらに，それら資料

は印刷できない構成とされ，社内の自席にある PC からしかアクセスできないとともに，閲覧のためのアクセス記録がサーバー内に保管される仕組みとなっている。

フローティング・テクノロジーは，企業構成員の個人に帰属する技術である。ここには，計算技術や物理法則といった学校教育で教えられるような基本的な技術から，クローズド・テクノロジーとして企業内に固定できていない最先端の技術までが含まれる。個人の技術能力をさしており，先に示した暗黙知も，フローティング・テクノロジーの一部をなす。このフローティング・テクノロジーは個人に帰属する特性から，企業視点で考えると流動的な特性を示す。また，企業の構成員は，企業に蓄積されているクローズド・テクノロジーをナレッジ（ノウハウ）として学び，設計等の企業活動に用いるとともに，記憶として保有することから，フローティング・テクノロジーがクローズド・テクノロジーの媒体としても位置する。つまり，企業間の人材の流動が盛んな場合はクローズド・テクノロジーがフローティング・テクノロジーとなって他社に流通することになる。

オープン・テクノロジーは，業界他社との間で広く流通する技術である。技報や，特許・論文・規格・法規といった誰もが入手可能な技術であり，業界全体の技術のベースを形成する。差別化の要因となるものではなく，技術の基本として存在する。容易に流通する特性を持つ技術であるために，誰もが入手可能である。企業としては，自社の技術レベルを示すために宣伝として利用もするが，論文発表のように個人の持つフローティング・テクノロジーを介したクローズド・テクノロジーの開示にもつながることから注意を要する。前出のトヨタやデンソーにおいても，社外発表においては担当役員の検閲が必要となる。また，例示の中では，規格・法規といった遵守事項もある。それらは，係わる製品を製造販売するためには，必ず参照すべき必要事項となる。

2 技術（テクノロジー）の構造

クローズド・テクノロジー，フローティング・テクノロジー，オープン・テクノロジーの構造を図4に示す。クローズド・テクノロジーは，企業の（境界の）中の最深部に内包され，企業外からは見えない構造を有している。この中には，設計基準などの製品を構成するうえで必要となる基本技術が含まれる。設計・開発業務の歴史の深い企業ほど蓄積される技術は多く，このテクノロジーが，それを持つ企業の技術レベルの水準を形成する。フローティング・テクノロジーはクローズド・テクノロジーの上に乗った構造となり，企業全体の技術力となるが，人の流動による技術移転の媒体ともなる。オープン・テクノロジーは企業の境界を越えて，業界他社や学会・大学などで流通するものである。時には法規として業界を縛るものも存在する。これは，自動車業界に見る排出ガス規制や，電機業界に見る RoHS 指令[7]のように強制力を伴う法規として，製品に大きな変革を要求する。

図4 企業内技術（テクノロジー）の構造

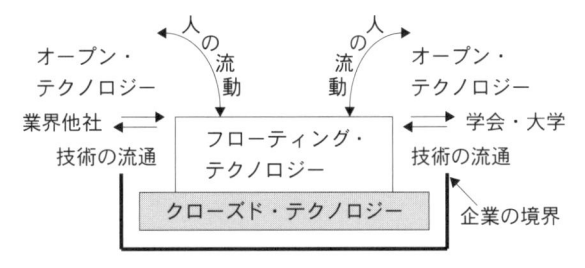

出所：筆者作成。

V 企業の成長過程と事業承継における問題点の所在

企業が実際に事業承継を行う際，企業組織のトップ・マネジメントへの依存の仕方による違いと，企業の持つ

技術構造を考慮する必要がある。小規模な企業では，お客様との対応にも，常にトップ・マネジメントの指示が必要であるだろう。技術の継承も考慮の必要がある。一方，大規模な企業では，トップ・マネジメントのそれらに対する影響は少ないであろう。V章では，企業の成長過程を意識し，その各成長過程における事業承継への対応を考える。

企業は創業から成長していく間に，後述のグレイナーによれば5つの段階を経るとされている。この5つの段階を経ることで，マネジメントの面でより強固となっていく。この成長段階における位置づけに応じて，マネジメントの視点は異なるのである。事業承継に目を戻すと，事業承継を迎える時期に，企業が位置するこの5つの段階の個々のフェーズによって対応とその方向性に違いが生まれるはずである。本項では，この成長過程の5つの段階と，事業承継の留意点を考察する。

1 企業の成長過程―成長の5段階

グレイナー（1972）は，企業組織は5つの段階を辿って成長するとしている（図5）。これらの段階の各々は，前の段階での進化の結果であり，次の段階の原因でもある。例えば，第3段階の進化上のマネジメントスタイルは「委譲」であるが，それはそれに先立つ革命の第2段階の「自主」への要求から生じたものであり，自主への解決となるものである。しかし，第3段階に使われている委譲のスタイルは，結果的に重要な革命的危機を引き起こす。その危機は，委譲が多くなりすぎた結果生じた多様化を，何とかコントロールしなおしたい，という意図に特徴がある。

各段階は，成長が起こるとすれば，マネジメントの行動が細密に規定されることを暗に示している。例えば，第2段階の自主の危機を経験している会社は，解決のために指揮的マネジメントに戻ることはできない。先に進むには，どうしても委譲という新しいスタイルをとらなければならない。

グレイナーは，「これらの段階の各々は，その次の段階で成功するために欠くことのできない組織における一定の力や学習経験を与える。天才児を例に取れば，彼は

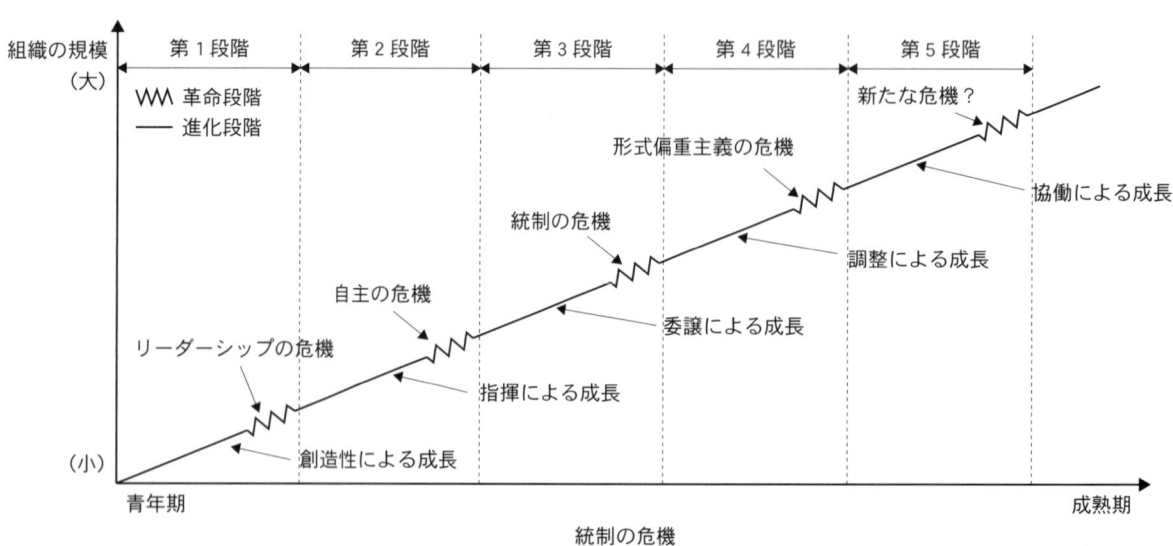

図5 グレイナーによる成長の5段階

出所：L.E.グレイナー（1972）

ティーンエイジャーと同程度の読み書きはできるであろうが，経験を経て，その年になるまではティーンエイジャーのような行動はできない。企業において，マネージャーたちが革命を避けるよう行動できるのか，あるいは行動すべきなのかを疑問に思う。むしろ，これらの緊張の期間は，変化と新しい手続きの導入のための方針を生むプレッシャー，アイデア，それに自覚を与える」と述べている。図6に，グレイナーの示した各段階における組織の慣行を示す。また，Ⅳ章1節で示した3種類のテクノロジーのうちで，クローズド・テクノロジにおいては慣行に差が生じるため，筆者がこれを追記した。オープン・テクノロジーとフローティング・テクノロジーは，各段階において慣行に差は生じないため，記述は控えた。

2 事業承継における問題点の所在

事業承継における対応のポイントは，その時の企業組織の成長過程に応じて大きく異なると考えられる。図6におけるトップ・マネジメントの流儀の項目に見られるように，トップ・マネジメントの組織に対する関わり方は，各段階に応じて大きく異なることからも自明であろう。

成長段階に応じた，事業承継における対応ポイントを考察する場合，まず事業承継において発生する問題点は何であるかを見てみる。中小企業においても，大企業においても，この事業承継による問題は同じように発生するのであろうか。福岡商工会議所の調査資料[8]によれば，事業承継において発生する問題点は，表2のとおりである。

この結果を総合して考えると，実際に発生している問題点として後継者の育成が，もっとも重要であることがわかる。組織形態や，管理の状況から考えて，グレイナーのいう成長の5段階のうち，早期の段階の企業ほど事業承継を行うことによるインパクトは大きいものと考えられる。第1段階や第2段階の企業では，トップ・マネジメントが経営に関与しているウェイトが大きく，事

図6 成長の5段階の進化期における組織の慣行

企業の成長過程 →

	第1段階	第2段階	第3段階	第4段階	第5段階
経営管理の焦点	製品と販売	活動の効率	市場の拡大	組織の強化	問題解決と革新
組織構造	非公式的	集権的で職能的	分権的で地域的	ライン・スタッフと製品グループ	チームのマトリクス
トップ・マネジメントの流儀	個人的で事業家肌	指揮的	委譲的	番犬的	参加的
統制システム	市場の結果	標準とコストセンター	報告とプロフィットセンター	計画と投資センター	相互的な目標設定
報酬の重点	株の所有	給料と業績による加給	個人的なボーナス	利益分配とストック・オプション	チームのボーナス
クローズド・テクノロジー	マネジメント含め少人数が必要技術を持つ。管理表などが中心で，文書化はまだ少ない。	技術者が増え，技術の伝承が始まる。異なる部署間で共鳴場を作りやすい。	技術者全員に最低限レベルの能力を要求。技術者が技術者を管理する階層が生まれる。	企業内ナレッジの形式知（書面）化が進む。基準・内規・情報・組織化間の業務ルールが定まる。	企業内ナレッジの秘匿化が進む。技術業務のルーチン化が進み，管理がチェックシート化する。

出所：グレイナー（1972）を基に筆者作成。

表2　事業承継において発生する問題点

- 事業承継の検討が必要な経営者が多いこと
- 事業承継計画の策定が必要なこと
- 後継者候補がいないこと
- 相続税対策が必要なこと
- 親族内承継を望んでいる割合が高いこと
- 親族外においては自社株の譲渡を検討している割合が高いこと

出所：福岡商工会議所事業承継支援センター（2008）

業承継による，そのキャラクタの変化は企業の経営に深く影響を及ぼす結果を招くと容易に予測できるからである。

　また，トップ・マネジメントによる技術への関与を考えた場合も，同様に事業承継によるインパクトは大きいであろう。わが国では，技術において他国に対しての強みを持つものづくりの企業は多い。たとえば，三鷹光器株式会社は，望遠鏡や宇宙開発用観測機器などを製造し，最近では太陽熱発電の分野で将来性を高く買われている。また，岡野工業株式会社は，リチウムイオン電池のケースや，痛くない注射針でゆるぎない地位を築いている。これらの会社のように，他社にまねのできないクローズド・テクノロジーを保有する企業においては，この技術こそが企業におけるもっとも重要な資産であり，この技術の伝承が重要な課題としてクローズアップされてくるはずである。承継者が事業承継する場合，先代が執り仕切っていた時と同様なパフォーマンスを企業が維持し続けることが真の技術の承継であるはずである。技術の伝承の出来の善し悪しが，企業競争力の維持に重要な意味を持つのである。事業承継ののち，後継者を含めた企業内の共鳴場を，うまく構築する体制づくりが重要となる。

　また，企業の中には，「身の丈に合った経営」を心がけるトップ・マネジメントも少なからず存在する。身の丈に合った経営とは，トップ・マネジメントの目の行き届く範囲以上に規模の拡大を望まない企業経営であり，老舗と呼ばれる企業に多く存在する。企業として長期間存続しているものの，世襲を維持し，非常に少人数の株主で運営している企業などである。このような企業は，図5のグレイナーによる成長の5段階の横軸が，第2段階ないしは第3段階までで成長を終え，成熟期を迎えていることになる。すなわち，全ての企業が第5段階を迎えない場合もありうることを示している。このような身の丈に合った経営に根付く企業は，トップ・マネジメントの目が隅々まで行き届くことを理念としている半面，先に述べたとおり，トップ・マネジメントが経営に関与しているウェイトが大きく，事業承継による経営への大きな影響が，世代交代の都度発生することとなる。

　企業が大きくなるほど，グレイナーのいう成長の5段階の後期の段階に位置し，事業承継によるインパクトは小さく薄まると考えるのが妥当である。一般的に見て，「大企業におけるオペレーションはルール化されており，ルールに則った経営を行うことができれば，トップ・マネジメントに必要となる求心力は小さな企業に比較して要求されにくいこと。」「後継者の候補者は潤沢に存在すると共に，専門経営者を雇うことが多いこと。」さらに，「大企業であるほど後継者が創業一族である可能性は低く，企業資産の相続の問題は承継時に及びにくいこと。」などが言える。企業は，ルール化されたオペレーションに基づき活動し，トップ・マネジメントの役割は，グレイナーのいう番犬的・参加的（図6参照）な色彩が濃くなると考えると，容易に理解できる。

　ここで忘れてはならないことは，このルールの存在である。企業においては独自のルールを拠りどころとして経営は進められる。このルールは，フィロソフィー[9]と呼び名を変えて企業内に存在するが，これらは全て創業者の考え方により形成されたものである。厳しい経営環境を克服し，第4段階・第5段階と成長してきた企業は，常にその根底に創業者のものの考え方を残して

いる。そのフィロソフィーが，次代のトップ・マネジメントや従業員に浸透し，経営を成り立たせている。たとえば，わが国の基幹産業の形成に貢献しているトヨタグループ各社の基本理念には，その大元となった豊田佐吉に基づく豊田綱領[10]の理念が今も根付いている。京セラ創業者の稲盛和夫は自らの経営哲学のエッセンスをフィロソフィー[11]として箇条書きにまとめ，従業員に教育し，浸透をはかっている。堀場製作所の会長兼社長である堀場厚は，創業者であり先代の定めたスピリットである「おもしろおかしく」が独創性の源であり，企業が永続するための不可欠な哲学であると，日経トップリーダーのインタビューに答えている[12]。これら，トヨタグループや京セラ，堀場製作所の例を見てもわかるように，このフィロソフィーの存在こそが，規模の大きくなった企業の経営をまとめ，社風を作り，求心力としての役割を担うものとなっていると言っても過言ではないであろう。

VI 企業の成長過程に応じた事業承継の対応

企業の成長度合いはそれぞれ異なる。また，トップ・マネジメントの年齢もさまざまである。そのため，V章1節に示した成長の5段階のうち，どのフェーズで事業承継が発生するかは計れない。グレイナーのいう高成長企業においては第5段階が過ぎたところで発生するかもしれないし，低成長企業では第2段階にすら入っていないかも知れない。また，創業者から2代目となる後継者に対する承継のみでなく，2代目から3代目，3代目から4代目といった段階でも同様に事業承継を考える必要がある。2代目・3代目と承継の経験を重ねるごとに経験が増え，企業組織やフィロソフィーは確立されて安定的に事業承継ができるようになると考えられるが，それでもトップ・マネジメントの交代は，企業の運営において容易ならざる事態には違いないであろう。

それぞれの成長過程にある企業の状況に鑑み，事業承継を行う際にその企業のマネジメントの方法をどうするべきか，またトップ・マネジメントがなすべきことは何であるかを明らかにする。

グレイナーの示した成長の5段階に呼応させて，事業承継における企業の成長過程ごとに必要となるポイントを図7に示す。企業の成長過程の段階ごとに，注目すべきポイントは大きく異なる。

1 第1段階～第3段階の企業の場合

第1段階～第3段階にいる企業の場合は，企業の持つアイデンティティが形式知に至っておらず，承継者の個人の能力に依存する項目が多いと考えられる。ここでの形式知とは，企業の運営のための規程を指すとともに，V章2節で述べたフィロソフィーも含む。形式知（例えば明文化）として出来上がっていないために，トップ・マネジメントである承継者の言葉が企業方針の全てとなる。企業の構成員は，トップ・マネジメントを見て仕事を行うことに慣れており，承継者の指示による仕事は容易に行えるのであるが，後継者の指示による仕事を行うことに違和感を覚えるだろう（III章1節に記載）。構成員は冷静な目で後継者を評価しており，後継者は自分の成果を目に見える形で古参幹部や構成員に示すことが重要になると考えられる。承継者は，事業承継に際して古参幹部に悟られないよう，社内に後継者との人間関係を形成すべく，根回しをしておくことが大切となる。また後継者自身も，ネットワークの形成や人間関係の構築を積極的に進める必要があるであろう。

トップ・マネジメントが変わることにより，その企業の将来性が強く推しはかられる結果となる。特に第1段階・第2段階にある企業の場合，収益基盤の安定性は低く，企業の信用はさほど大きくないのが実情であろう。専ら承継者の人間性によって仕事がスムースに進められ

論文 組織行動学の見地から捉えた事業承継―ものづくり企業の組織構造との関連性―

てきた面も大いにあると推測される。金融機関や取引先は，後継者の経営における力量を厳しく評価していることを忘れてはならない。また，トップ・マネジメントが技術に関与しているウェイトが大きく，事業承継による

図7　企業の成長過程と事業承継における組織的な対応のポイント

企業の成長過程 →

	第1段階	第2段階	第3段階	第4段階	第5段階
事業承継の焦点	リーダーシップの存続	組織の台頭（モティベーションの維持）	組織力の維持	組織の維持と革新	組織の活性化
承継者（トップ・マネジメント）の為すべきこと	・自社の現状の棚卸 ・自社ビジョンの明確化 ・交代時期の見極め ・古参に悟られないよう，承継をお膳立てする ・古参・後継者含め，技術討論の場を作る	・後継者の（承継前の）ポジションと時期を考える ・子離れする（承継者（親）に甘えが出る） ・技術の形式知化を進める	・経営に口出ししない ・権限委譲を明確化する ・技術の形式知化を進める	・求心力の形式知化（フィロソフィーの遵守） ・遠心力の適正化（ミドル・ラインとの対話《スキンシップ》） ・形式知化した技術の更新と，背景を含めた更なる文書化 ・ナレッジの財産意識（知財）の社員への浸透	
後継者の為すべきこと	・他社（修業先）で成果をあげる（古参幹部が認めるように） ・社外人脈つくり ・積極的に社内技術者とコミュニケーションをとる	・自社の全体像を理解する ・根幹の事業で成果を出す（古参幹部が認めるように） ・小さな成功体験を積む ・社内外でネットワークを作る ・積極的に社内技術者とコミュニケーションをとる	・根幹の事業で成果を出す（古参幹部が認めるように） ・社内で支援者を作る ・社内外の関連技術を学ぶ	・トップとしての方針の明確化と現状の棚卸 ・イノベーションの模索 ・社内技術を探索する ※イノベーションとは，新商品や新たな生産方法の開発など，持続的で総合的な改革への営みのこと	・イノベーションの遂行 ・持続的イノベーション ・社外技術を探索する ・他社との技術交流
ミドル・ラインの為すべきこと	− （組織が小さく，ミドル・ラインは，わずかなため）	・古参幹部の一人か二人が後継者の親代わりをする（トップ・マネジメントとしてしつけをする） ・経営陣の若返りをする ・後継者の存在を認める	・後継者をトップ・マネジメントとして認める ・業務に必要な技術能力を明確化（明文化）する	・トップの方針の理解と，管掌組織へのミッションへのブレークダウン ・技術教育体制の充実 ・知財活動の充実	
事業承継の主な影響・企業のあるべき姿	−	・経営者の代が変わると世間は企業を厳しく見る ・将来性を測られる		・企業のフィロソフィーを明確に示す（社内外ともに） ・会社として新たな成長基盤が作り上げられる	

※斜体は，特に親子間の承継の場合を示す。

出所：筆者作成。

トップの交代は，企業の技術経営に深く影響を及ぼす結果を招くと容易に予測できる。

2 第4段階・第5段階の企業の場合

第4段階・第5段階にいる企業の場合は，企業の持つアイデンティティが形式知として構成されているであろう。企業としての組織運営は規程に定められており，トップ・マネジメントの役割は，企業の運営がその企業の方針どおりに進んでいるかを監視することになる。

承継者にとって，企業の指針を明確に浸透させることが，求心力を高める上で重要な拠りどころとなる。フィロソフィーの遵守に注意を払うとともに，ミドル・ラインが持つ遠心力を適正化すべく，自身の持つ経験や哲学をミドル・ラインの人々に伝授する必要があるだろう。

後継者は，企業内・外の人材に関わらず，十分に実績を積み経営的な能力に長けている人が選ばれるに違いないと思われる。多様性をもった人の集団である大組織をまとめあげ，シナジー効果を発揮させるには，方針（目標）を明確に示すことが必要である。さらに，グローバルな競争にさらされている企業にとって，イノベーションなくして目標の達成は困難であると言える。

技術面では，内規・基準・システム等により，技術が形式知となり，企業内に根付いていく。作り上げられたそれら形式知に従うと，初心者でもベテラン設計者の設計した製品が作りあげられるものとしている。一方，弊害としては，これら形式知の成り立ちを理解せずとも，一定レベルの設計が可能となるため，形式知とされた技術の経緯が組織の中から忘れ去られやすい傾向がある。この技術の詳細が失われる状況が進むと，新規な製品の設計が発生した場合に対応ができなくなる。これは，開発・設計・工程設計・製造に対して共通であり，考慮すべき重要なポイントである。

Ⅶ おわりに

本稿では，組織構造と組織の発展段階に応じた事業承継を俯瞰してきた。事業承継は企業の存続に大きな影響を与える様々なファクターを内包しており，その巧拙により企業の存続に大きな影響を与えることとなるものである。

事業承継に臨むにあたり，組織の発展段階に応じて，承継者や後継者がなすべき主要なポイントはそれぞれ異なっている。しかし，各発展段階の底流には，企業の財産である人材と技術を適切に生かしながら，変化の激しい時代に迅速に対応できる体制が必要であるとの共通認識があることを忘れてはならない。

また，企業が存続するためには，承継者の経営理念（フィロソフィー）を継承し，内部をまとめ，イノベーションを遂行しながら成果（利益）をあげることが最も重要である。

ドラッカー（1966）は，「経営者において最も重要なことは，成果をあげることである。その成果が企業利益を生み出すと共に，経営者はその成果に対して責任を持たねばならない。また，その成果をあげるために必要な能力は習得できる。」と述べている。後継者は，事業承継の後はその企業について責任を背負っていくこととなる。自社の経営で，後継者がすぐに承継者と同等以上の能力を発揮することは難しいであろうが，一刻も早く承継者のレベルを超えるべく努力すべきことを忘れてはならない。また承継者は，後継者や構成員全体に経営理念（フィロソフィー）を浸透させることと，後継者の下で古参幹部をうまく機能させることを意識すべきと考える。本稿は，既存の実態調査のデータを，組織行動学を基に分析し検証したものである。今後，更に広く実際の企業のヒアリングをとおして，精度を高めることとしたい。

注

1) 山口栄一（2006）『イノベーション破壊と共鳴』NTT出版，241頁。新技術の創造を渇望する人間と，彼自身が導いた正しい科学的知見の知識が共鳴して新しいパラダイムが得られる，知的な共感を得る場を示す。この共鳴場にいる人々が新たな技術を共感しながら創造する。（筆者要約）
2) 暗黙知は知識の分類の一つであり，経験や勘に基づくもので，言語で説明・表現できない知識を指す。形式知に対する概念である。
3) 関根忠直ら（1984）『生活行動の科学としての心理学』小林出版。191頁～192頁の文章を一部引用。
4) 日経ビジネス・日経トップリーダー編（2011）『事業承継の教科書 親編』日経BP社。60頁の記載を引用。その参照文献に「オーナー一族と現場の溝が老舗の"緩慢な死"を招いた」日経ベンチャー2005年12月号，132頁～135頁がある。
5) 山口栄一（2006）『イノベーション破壊と共鳴』NTT出版，240～241頁の定義を一部筆者が改変して引用。
6) 形式知は知識の分類の一つであり，主に文章化・図表化・数式化などによって説明・表現できる知識を指す。暗黙知に対する概念である。
7) RoHSは，電気・電子機器における特定有害物質の使用制限についての欧州連合（EU）による指令。2003年2月に公布，2006年7月に施行された。
8) 福岡商工会議所 事業承継支援センター（2008）「事業承継に関する実態調査―報告書―」による。本報告書中の6頁の事業承継のポイントを，問題点と置き換えた。
9) 企業の経営方針一般を，本項ではフィロソフィーと示した。企業により，「社是」「理念」「経営方針」「スピリット」「フィロソフィー」などと呼ばれ，創業者の考え方を残している。
10) 1935年制定。トヨタグループ（2005）『絆 豊田業団からトヨタグループへ』20頁参照。
11) 京セラのフィロソフィーは，以下のHPで確認できる。（2011.12.6時点）
http://www.kyocera.co.jp/inamori/management/philosophy/index.html
12) 「経営の系譜」日経トップリーダー2010年10月号，58頁～63頁のインタビュー記事による。

参考文献

[和文文献]

・H.ミンツバーグ（1981）「組織設計 流行を追うか 適合性を選ぶか」『H.ミンツバーグ経営論』ダイヤモンド社，255～304頁。
・J.C.コリンズ 山岡洋一訳（2001）『ビジョナリーカンパニー② 飛躍の法則』日経BP出版センター，65～72頁。
・L.E.グレイナー 藤田昭雄訳（1972）「企業成長の"フシ"をどう乗り切るか」『ダイヤモンド ハーバード ビジネスレビュー』1982年7-8月号，69～78頁。
・P.F.ドラッカー 上田惇生訳（1966）「経営者の条件」『ドラッカー名著集 経営者の条件』ダイヤモンド社，102～135頁，218～227頁。
・内橋克人（1989）『退き際の研究』日本経済新聞社。
・「オーナー一族と現場の溝が老舗の"緩慢な死"を招いた」日経ベンチャー2005年12月号，132頁～135頁。
・京セラフィロソフィー
http://www.kyocera.co.jp/inamori/management/philosophy/index.html（2011.12.6時点）
・「経営の系譜」日経トップリーダー2010年10月号，58頁～63頁。
・ジェフリー・フェファー 奥村哲史訳（2008）『影響力のマネジメント』東洋経済新報社。
・ステファン・P.ロビンス 高木晴夫監訳（1997）『組織行動のマネジメント』ダイヤモンド社，393頁～394頁。
・関根忠直ら（1984）『生活行動の科学としての心理学』小林出版。
・トヨタグループ（2005）『絆 豊田業団からトヨタグループへ』19頁～20頁。
・日経ビジネス・日経トップリーダー編（2011）『事業承継の教科書 親編』日経BP社。
・日経ビジネス・日経トップリーダー編（2011）『事業承継の教科書 子編』日経BP社。
・福岡商工会議所 事業承継支援センター（2008）「事業承継に関する実態調査―報告書―」
・山口栄一（2006）『イノベーション破壊と共鳴』NTT出版。

研究ノート

同族会社の株式価格算定に関する裁判例の傾向の分析について

古家野彰平（弁護士法人古家野法律事務所 弁護士）
中野雄介（清友監査法人 公認会計士）

要旨

　株式価格の評価方法には大きく4つに分けて収益方式，純資産方式，比準方式，取引事例方式があるが，非公開会社の株式価格についての裁判例を検討すると，それぞれ個々のケースで会社の特徴や具体的な事情を捉えながら，配当還元方式，収益還元方式，純資産方式を単独あるいは併用して株式価格を算定している裁判例が多いといえる。

　中でも同族会社の株式価格算定について，裁判所は純資産方式を重視する傾向が見て取れる。裁判所がそのように判断する理由としては，① 同族会社においては相続を原因として株式を取得する場合が多く，その株式買取りは実質的には遺産として受け継いだ会社財産の再分割をしていると評価できる側面を有すること，② 同族経営では，所有と経営が実質的に一致しており，その株式を手放すことは，共同経営によって形成した会社の純資産の持分相当の払い戻し（又は換価）をしていると評価できる側面を有することが挙げられる。

　中小企業では純資産方式による株式価格の方が収益還元方式等による株式価格よりも高額となる場合が多いが，同族会社の株式買取を巡り，裁判で株式価格が争いとなった場合には，会社は多額のキャッシュアウトを余儀なくされ，経営に大きなダメージを受ける事態になりかねない。

　このようなキャッシュアウトを防ぐためには，会社としては，株主構成並びに株式の帰属及びその譲渡価格をコントロールするべく，日ごろから適切な株式政策の立案と履行をしておくことが不可欠である。

An Analysis of Case Trends on the Valuation of Family Company Share Prices

KOYANO Shohei, Koyano LPC
NAKANO Yusuke, Seiyu Audit Corporation

Abstract

　In evaluating company share prices, there are four major methods; "Income Approach", "Asset-based

Approach", "Market Approach", and "Comparative Method". When reviewing court cases determining share prices of non-public companies, however, it can be said that a number of courts have calculated the value of share prices, while capturing the specific characteristics and circumstances of individual companies, by either alone or in combination of "Dividend Discount Method", "Capitalization of Income Method", or "Net Asset Method".

Among other things, in the calculation of share prices for family businesses, it can be seen that courts have a tendency to focus on the "Net Asset Method," conceivable reasoning for which is, ① in most family company cases, the shares have been transferred through inheritance and the acquisition of these shares is deemed to be a substantial redistribution of the company assets succeeded as a legacy, and also ② in a family business, both ownership and management are held by the same member and therefor the relinquishment of the company shares is deemed to be equivalent of the refund (or realization) of the net assets in the company which has been jointly managed by the member up to then.

In case of small and medium-sized enterprises, the appraisal by "Net Asset Method" is usually more expensive than that by "Income Approach." Thus, in case where the price of the shares have been contested in a court in relation to the acquisition of shares in a family company, the company might be forced to cash out large amounts of money which would result in severe damage for its business operation.

To prevent such a cash-out, it is necessary for a company to keep planning and observing its appropriate share policies day by day to control the shareholding structure, shareholders, and the transfer price of its shares.

I　はじめに

　非公開の同族会社のオーナー経営者にとって事業承継，中でも当該会社の株式の移転にともなう譲渡資金や納税資金の確保は大きな悩みの一つである。特に，事業が大きく発展成長した企業は株価が上昇し，財産としての価値は大きくなるものの，それが容易に換金できる資産ではないため，納税資金の工面に苦労する場合が少なくない。あるいは売却換金できたとしても支配権が分散し，経営の混乱を招くといった事態も間々ある。

　一方で，経営に参画しない株主にとって所有株式は財産価値そのものであり，その売却によってできるだけ多くの資金を手に入れようとするであろうし，保有し続けるとしても配当を通してできるだけ多くの果実を得たいと思うであろう。

　それが故に株式の価額はそれを取り巻く利害関係者にとって大きな関心事であるが，株価の評価方法には一定の理論はあるものの唯一絶対，画一的な株価算定方法があるわけではない。株式評価の方法として最近では「企業価値評価ガイドライン」（平成19年11月　日本公認会計士協会）や「経営承継法における非上場株式等評価ガイドライン」（平成21年2月　中小企業庁）が公表されている。

　それによると評価方法は①収益方式②純資産方式③比準方式④取引事例方式の概ね4つに大別されている。これらの評価方法が実際にどのように利用されているかは，網羅的に公表された資料がないので知る由もないが，裁判事例によってその一端を知ることができる。また，紛争となった場合には最終的には裁判所で株価が決定されるので，裁判事例は株価評価を実施していく上で無視できないことも事実である。

　そこで，上記4つの評価方法が裁判事例でどのように取り扱われているのかを分析することにより裁判事例の傾向を掴むことを試みることとするが，本稿では，特に，非公開会社の中でも同族会社の株式価格の裁判例にスポットを当て，そこから浮かび上がってくる，事業承継における留意事項について考察した。

II　株式価格の評価方法

　平成21年2月に中小企業庁から公表された「経営承継法における非上場株式等評価ガイドライン」によると評価方法は大別して①収益方式②純資産方式③比準方式④取引事例方式の4つの方法がある。これは先に日本公認会計士協会が編集した「企業価値評価ガイドライン」においても概ね同様な分類がなされている。これらの評価方法の詳細については上記公表資料を参照されたいが，ここでは4つの評価方法の概略を紹介する。

1　収益方式

　評価対象会社が将来獲得する利益又はフリー・キャッシュ・フロー（FCF）を一定の割引率で割り引いた現在価値に基づき評価する方法である。利益に基づき行う収益還元方式とFCFに基づき行うDCF方式がある。また，株主が将来獲得することが期待される配当金にもとづいて評価を行う配当還元方式も広い意味で収益方式に含まれる。

　収益方式では，将来獲得する利益（FCF）をどのように見積もるか，そして割引率をどのように設定するかがポイントになり，その見積もりや設定が株価に大きく影響を与えることになる。

　利益の算定については，営業利益から税金負担を控除した税引後営業利益の過去3年から5年の平均値を用いることが一般的であるが，将来の事業計画に基づき算定する場合もある。

　割引率の算定は，一般的には加重平均資本コスト（WACC）を使用するが，過去の統計データからリスク

フリーレート（例えば新規発行国債利回り）にリスクプレミアムを加算して算定する場合もある。

2 純資産方式

貸借対照表上の資産から負債を控除して求めた純資産価額に基づき評価する方法であるが，帳簿価額のまま評価する簿価純資産方式と各資産，負債を時価に修正した上で評価する時価純資産方式がある。時価純資産方式の場合，時価の考え方がポイントになってくる。一般的には，事業の継続を前提とした場合には再調達価額が適当であるし，清算を前提としている場合には早期処分価額が適当である。

3 比準方式

すでにある株価を参考にして比準することにより評価対象会社の株価を算定する方法である。評価対象会社の事業内容，規模など類似する特定の上場会社を選定し，当該会社の市場株価等を参考とする類似会社比準方式と評価対象会社に類似する業種の上場会社全部を選定し，それらすべての市場株価等を参考として評価する類似業種比準方式がある。

4 取引事例方式

評価対象会社の株式の過去の取引価額を参考として株価を評価する方法であり，広い意味では比準方式に含まれる。この方式は過去の取引価額が適正である場合には有効であり，また，過去の売買事例が複数回存在する場合には直近の事例を用いることが一般的であるが，非公開同族株式の場合，過去の取引価額が必ずしも合理的な方法で評価されていない（適正でない）場合が少なくない。

Ⅲ 同族会社の株価算定の裁判例の傾向について

1 裁判で株価が算定される場面

株式価格の算定について裁判所が判断を下す場面としては，反対株主による買取請求（会社法117条2項，470条2項，786条2項，798条2項，807条2項。以下「法」とは会社法を指す）や全部取得条項付株式の取得価格決定の申立て（法172条1項）による場合がある。また，これ以外にも，特に非公開会社の株式すなわち譲渡制限株式に関して固有に問題となる場面としては，譲渡制限株式の買取請求（法144条2項）や相続人等に対する売渡請求（法177条2項），単元未満株に関する買取請求・売渡請求による場合がある。

本稿では，以上のうち，譲渡制限株式の買取請求による場合における株式売買価格の裁判例から，同族会社の株価算定の裁判例の傾向を分析する。

2 譲渡制限株式の買取請求の手続の概略

譲渡制限株式の株主が，その有する株式を他人に譲り渡そうとするときは，会社に対し，これを承認するか否かの決定を請求しなければならないが（法136条），会社がこの譲渡を承認しない旨を決定したときは，会社は，会社自らこの株式を買い取るか，この株式を買い取る買取人を指定しなければならない（法140条）。譲渡制限株式の株主に，保有する株式の換価の機会を与えるためである。

この場合，株式の売買価格については従前の株主と購入者（会社又は指定買取人）との間で協議によって定めるものとされるが（法144条1項），協議が整わない場合には，従前の株主及び購入予定者は，裁判所に対して株式の売買価格の決定の申立てをすることができる（法

144条2項)。このような申立を受け，裁判所が，株式価格の算定について判断を下すことになる。

3 非公開会社の株式価格算定における裁判所の傾向

裁判所は，株式の売買価格の決定をするには，承認請求時における会社の資産状態その他一切の事情を考慮するものとされるところ（法144条3項），多くの裁判例では，非公開会社の株式価格について，Ⅱで述べた評価方法の中から1つを採用するか，或いは，複数の評価方法を採用した上でこれらを併用している。

但し，類似会社比準方式，類似業種比準方式については，対象会社が非上場である場合には類似会社，類似業種が存在せず，あるいは，その選定が困難であることが多い。また，そもそも国税庁の財産基本通達によるこれらの算定方式は，課税技術上の観点から考案された方式であり，その株式の経済的価値を正しく算定できるとはいえないことから（大阪高裁平成元年3月28日決定・判例時報1324号140頁参照），最近の裁判例では採用されることは少ない。

また，取引事例方式についても，非公開会社ではそもそも株式の取引事例が少なく，仮に事例があったとしても税務上の観点から類似業種比準価格をそのまま取引価格としていることも多く，適正な価格であると評価できない等という理由から，あまり重視されない傾向にある。

結局，非公開会社の株式の価格については，個々のケースで会社の特徴や具体的な事情を捉えながら，配当還元方式，収益還元方式，純資産方式を単独あるいは併用して採用する裁判例が多いといえる。

4 同族会社の株式価格算定における裁判例の傾向の分析

「同族会社であること」を株式価格の算定手法の採否の理由としている裁判例の判示を抽出し検討すると，結論から言えば，裁判所は同族会社の株式の算定において，純資産方式を採用し，又は，その割付けの比重を重くみる傾向があることが窺える。

そして，これらの裁判例は，同族会社であることを純資産方式以外の算定方式の採用を否定又は軽視する理由として用いるものと，積極的に純資産方式を採用又は重視する理由として用いるものの2つに大別される。

(1) 純資産方式以外の算定方式の採用を否定又は軽視する理由として用いているもの

そもそも非公開会社では株式の取引事例そのものが少ないが，非公開会社の中でも同族会社では，同族以外に株式を譲渡することが想定されていないことが多く，取引価格を観念することがより一層困難となる。そのため，同族会社であることは，取引事例方式を採用しない理由付けとして用いられることになる（東京高裁昭和47年4月13日決定・判時667号78頁参照）。

また，比準方式についても，同族会社であることは，一般に標本会社との類似性を否定する方向に働くことになるから，これを採用しない理由付けとして用いられることとなる（大阪高裁昭和60年6月8日決定・判例時報1176号132頁参照）。

また，少数者による支配が確立している同族会社では，配当は経営陣の経営政策に依拠し，不確定要素が高いとして，配当還元方式のみで株価を算定することは適切ではなく，純資産方式及び収益還元方式を併用するべきとした裁判例がある（東京高裁平成元年5月23日決定・判例タイムス731号220頁）。同族会社では，実質的に所有と経営が一致しているため，実務では税務上の観点から利益を株式配当ではなく役員の報酬として配分することが多いことも，配当還元方式を重視しない理由として用いられることになるだろう。

(2) 純資産方式を採用又は重視する理由として用いているもの

一方，同族会社であることは，裁判例上，積極的に純資産方式を採用又は重視する理由として用いられている。そのような裁判例のうち，公刊物に掲載されているものでは，高松高裁昭和50年3月31日決定・判例タイムス325号220頁，京都地裁昭和52年5月18日決定・判例時報1247号130頁，青森地裁昭和62年6月3日決定・判例時報1272号136頁等がある。もっとも，これらの裁判例の判示の表現は簡潔に過ぎ，なぜ同族会社であれば純資産方式を採用又は重視することになるのかについては，その明確な理由付けは読み取りにくい。

しかし，平成23年4月8日に大阪高裁で下された決定では，同族会社について純資産方式を重視する理由を比較的明確に判示しているので，公刊物では未掲載ながら，その判示を紹介したい。

当該裁判例の会社は，従業員400名を擁する中規模の会社であり，その沿革は，先々代Aが創業した会社をその子である先代Bが受け継ぎ，その後，Bの孫であるCとDとで順次受け継いで経営に携わってきたというものである。Bの死後，同人所有の株式は，Bの妻とC及びDに相続されたが，その後，Dによる株式買取請求が行われ，会社がその株式を買い取ることとなった。こうした経緯を踏まえ，上記大阪高裁決定は，「抗告人会社は，株主の構成や，役員及び経営陣の顔ぶれ等に照らすと，典型的な同族会社である。そして，今回の株式買取りは，実質的にみれば，C及びDが亡Bの遺産として受け継いだ会社財産を再分割すると共に，共同経営した会社の純資産の持分相当の払い戻しをしているものと評価できる側面がある」，「そうすると，抗告人会社の株式の買取価格を定めるに当たっては，純資産方式を相当程度重視すべきである」と判示した。

上記の判示からは，同族会社について純資産方式を重視する裁判所の考え方について，2つのエッセンスが読み取れる。

まず，1つ目は，同族会社における株式の取得は，相続を原因とする場合が多く，また，譲渡制限株式の買取請求がされてもほとんどの場合その株式は会社が買い取るか，同族が買取人として指定される。その結果，実質的にみて，その株式買取りは，遺産として受け継いだ会社財産（ここでは，被相続人の経営により形成された会社の純資産ということになる）の再分割をしていると評価できる側面を有することになる。

2つ目は，同族経営では，所有と経営が実質的に一致しており，その株式を手放すことは，共同経営によって形成した会社の純資産の持分相当の払い戻し（又は換価）をしていると評価できる側面を有することとなる。

裁判所は，同族会社のこれらの特徴を純資産方式の採用又は重視する理由として捉えていることが窺えるのである。

IV 円滑な事業承継のための留意事項（提言）

譲渡制限株式の買取請求に関し，株式価格が裁判で争われるケースとしては，共同経営者や株主間の内紛によって少数派が会社の支配や経営から離脱する場合の他，経営に関与しない少数株主が自分が保有する譲渡制限株式を換価しようとする場合等にも生じる。こうした紛争は，会社にとって予想外のキャッシュアウトを生じさせることになる。

特に，上記のとおり，同族企業について株式価格が裁判で争われた場合には，純資産方式が重視される傾向にあるが，製造業を中心として，中小企業では純資産方式による株式価格の方が収益還元方式等による株式価格よりも高額となる場合が多い。結果，裁判で株式価格が争いとなる場合，会社は多額のキャッシュアウトを余儀な

くされ，経営に大きなダメージを受ける事態になりかねない。

　このようなキャッシュアウトを防ぐためには，会社としては，株主構成並びに株式の帰属及びその譲渡価格をコントロールするべく，日ごろから適切な株式政策の立案と履行をしておくことが不可欠であろう。具体的には，経営陣に株式を集約させる，従業員持株会等の安定株主を持つ，株式譲渡対価の算定方法について予め株主間で合意しておく等といった方法である。また，裁判で株価が争われた場合に，その買取価格がどういった額になるかも想定しておき，そのリスクの大きさを認識しておくことも重要であろう。

事例研究

京仏壇・京仏具の老舗 —株式会社若林佛具製作所

河口充勇（東京女学館大学専任講師）

I はじめに

　JR京都駅の北側に位置する東西両本願寺門前町は全国有数の仏壇・仏具産地であり、当地には長期にわたって京仏壇・京仏具の製造・販売に携わってきた専門業者が数多く軒を並べている。その代表的企業の一つが本稿で取り上げる株式会社若林佛具製作所（以下では「若林」と表記）である。

　若林は、1830（天保元）年に初代若林卯兵衛が現在地（京都市下京区七条通新町東入）にて「野村屋卯兵衛商店」の名で仏具店を開いたことに端を発する。事業内容は、創業以来一貫して仏壇・仏具の製造・販売が主である。同じ地域に店舗を構える株式会社小堀とともに真宗系仏壇・仏具業者の二大勢力である。

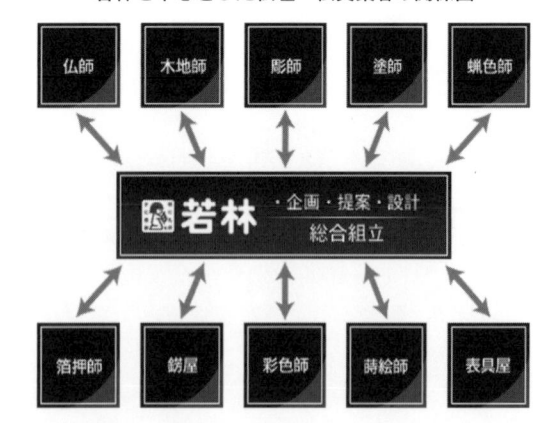

　若林の会社HPによれば、京仏壇・京仏具はさまざまな伝統工芸の集合体であり、若林はそのなかで"プロデューサー"的役割を担当している。若林は、顧客との綿密な話し合いを通して製品の企画・提案・設計を行なったうえで、左下図のような各部門の専門職人に部品製作を依頼し、最後に各部門の工程を経て集まってきた部品を総合組立で完成させ、最終製品を顧客に提供する。

　若林は、1830年の創業より今日にいたるまで一貫して創業家の若林家が経営を担ってきたファミリー企業である。現会長の若林卯兵衛氏（1942年生まれ）は初代より数えて5代目に当たる。現社長の若林正博氏は卯兵衛氏の次弟、現副社長の若林英博氏は卯兵衛氏の三弟、そして、現専務の若林智幸氏は卯兵衛氏の長男である。

　以下では、卯兵衛氏へのインタビューをもとに、若林がどのように事業を発展、継続させてきたのかを時系列に沿って振り返ったうえで、創業以来182年の歩みのなかで得られた事業承継（特に"人づくり"）の経験知について記述する。

II 182年の歩み

1 事業の沿革

　若林の創業期に当たる天保年間（1830〜1843年）といえば、大塩平八郎の乱や蛮社の獄といった騒乱が各地で頻発するといったように、200年以上続く天下泰平の世が瓦解しはじめる時期である。若林の創業者は幕末・維新期の激動の京都を生き抜き、文明開化の時代を迎えた。さらに時代が下り、大正期を迎える頃には、若林は、進取の気性に富んだ3代目（卯兵衛氏の祖父）の下で急成長を遂げる。卯兵衛氏によれば、「3代目に当たる私の祖父が中興の祖で、古いお仏壇をきれいにして収

若林卯兵衛氏

出所：筆者撮影。

めるという事業から栄えるようになった。……根っからの商売人で，人相が松下幸之助さんに似ていて，20歳の若さで当主になった。大正5年前後ですね。そのあたりから日本の軍隊が中国や台湾に行くようになり，東本願寺が布教活動のために出て行った。祖父はそれについて行って，大連，新京（現在の長春），台北の別院の仕事をさせてもらいました」。

しかしながら，大戦末期～戦後初期の社会的混乱のなかで，仏壇・仏具業界は大打撃を受けており，戦災を免れた京都の有力業者も決してその例外ではなかった。そのような苦境のなか1949（昭和24）年，若林は株式会社に組織変更し，4代目（卯兵衛氏の父）が初代社長に就任している。苦難の時代はなおも続いたが，高度経済成長期を迎えるころになると，全国各地で寺院の復興が進んだことを背景に，仏壇・仏具業界は息を吹き返し，若林も寺院関連事業を中心に急成長を遂げることになる。1965（昭和40）年に若林に入社した卯兵衛氏によれば，「昭和40年ごろからお寺の復興期。それから10年間は，どこも競って建てるので，オイルショックなんかもありましたが，事業は一貫して好調でした。都会の事業が一段落してからは，地方の事業が好調でした」。会社HPに掲載された年表をみると，1960年代半ば～1970年代半ばの時期には寺院関連の大規模な事業がいくつも展開されていたことがわかる。オイルショックの翌年に当たる1974（昭和49）年には現在の本社社屋（7階建て）が完成し，その5年後の1979年には卯兵衛氏が先代に代わって，社長に就任している。その年，東京店が開設され，従来以上に営業活動にも重きが置かれるようになった。

しかしながら，1990年代に入ると，風向きが大きく

現在の若林佛具製作所の外観

出所：筆者撮影。

事例研究 京仏壇・京仏具の老舗―株式会社若林佛具製作所

社屋内の展示スペース

出所：筆者撮影。

変わり，長期的な経済不況を背景とする消費低下，宗教観やライフスタイルの変化，外国製の安価な製品の大量流入などにより，仏壇・仏具の需要が縮小に向かった。このような逆風のなかで，全国各地の多くの仏壇・仏具業者が難しい舵取りを余儀なくされており，若林のような有力業者にあっても例外ではない。近年，若林では，これまで同様に主力の家庭用仏壇・仏具，寺院用仏具に力を注ぐと同時に，自社技術を活かした新規事業（たとえば，京都迎賓館の釘隠し，東京都庁や国際マンガミュージアムのモニュメントの製作）にも意欲をみせている。

2　承継の軌跡

若林では，初代から5代まで代々実子が事業を承継しており，卯兵衛氏によれば，承継・相続に関して問題が起こったことは一度もないという。"実質的創業者"といってもよい3代目以降の承継の軌跡を振り返ると，3代目も4代目もともに一人息子であり，それゆえ後継者選びに関する揉め事は生じなかったが，日常的に両者の間には意見の衝突が絶えなかったようだ。「祖父は，戦前に東本願寺の関係で台湾や中国に行っており，よく外国に行ってきたと自慢をしていました。父が出張の話をしますと『行かんでええ』と大変矛盾したことをいいました。自分は散々営業活動で頑張ってきたにも関わらず息子が外に出るのを大変嫌がった。それでよく親子で言い合っていました」。

とはいえ，両者の考え方はあらゆる面で合い入れなかったのではなく，「信用第一」（後述）という基本理念は親から子へと確実に継承された。4代目は3代目と違って，本山をはじめ業界の様々な役を引き受けること

で幅広い人脈を構築した。そこから事業で実績をあげ，各方面で信用を得て，徐々に事業規模を拡大していったといわれる。

次に先代（4代目）から卯兵衛氏への承継に至る経緯に目を向けると，卯兵衛氏は，幼少期より3世代同居の生活環境のなかに家業に触れる機会が多くあり，「毎日，祖父と父が食卓で会社の話をしているやり取りを聞くとはなしに聞かされるわけです」という。「中高の夏休みには強制的に何時間か会社に来させられました。我々の業種では工程順に全部職人さんがおり，そこへうちの社員が回る。それを『職回り』といいますが，それに付いて回る。行った先で『これが若林の息子ですわ』と紹介してくれる。……学生のころはずっとバイトもさせられていましたが，昭和36年の親鸞聖人700回忌のころは忙しくて，観光バスやら何やらいっぱい客が押し寄せて，大学の受講登録に行く時間も惜しむくらい店の前でものを売らしてもらっていました。就職で他所に行くのは無理だなとうすうす感じたのはそのころです」。

1965（昭和40）年，大学を卒業した卯兵衛氏は若林に入社した。「卒業式が済んで，普通なら春休みに旅行くらいさせてもらえるものと思っていたら，卒業式の日に父から『明日から来い』といわれ，どこも行かずにそのまま会社に入った。厳しい親でしたから反論も何もなかったわけです。……そういう意味では他所に行かずに，どっぷり父のレールに乗せられたわけです」。

先代から卯兵衛氏への承継は円滑に推移した。もともと卯兵衛氏は自らが社長になった後もしばらく先代の"院政"が続くことを想定していたが，実際にはそうならなかった。「父には37歳のときに『お前，社長やれ』と突然いわれました。5月3日が私の誕生日なのですが，『5月3日に取締役会を開くから，その時に社長になれ』と。なぜこんなことをいいだしたかというと，その直前に西本願寺さんのご門主が代わられている。お父様がご健在だったのですが，34歳でご門主を継がれているわけです。父は厳しかったものですから完全に"院政"やと思っていたんですが，その年の秋，父は東京に出張した折に軽い脳血栓で倒れまして，3ヶ月ほど入院しました。その間，会社のことをこちらが仕切って，事後報告することになりまして，もう"院政"も何もなくなったわけです。あっという間に名実ともに社長になりました」。

卯兵衛氏によれば，先代は人の好き嫌いが激しい性格であり，「今それを言わなければいいのにと思うことを平気でいう人」であったという。その点で，先代は"反面教師"であり，卯兵衛氏はこれまで人間関係において波風立てぬよう努めてきたという。とはいえ，両者の考え方はあらゆる面で合い入れなかったのではなく，ここでも「信用第一」という基本理念は親から子へと確実に継承された。これについて卯兵衛氏は次のように述べている。「うちらの場合は値段より物の信用なのです。お寺の総代さんから『若林は何年保証してくれるのか？』といわれたら『有限でいいのですか？』と答えます。"永代保証"なのです。それが自然老化なのか，故意なのか，当社の製品が悪いのかはどっちもわかっているわけです。だから，お金払って『直してくれ』といわれる場合もありますし，『これはお前ところの責任やないか？』といわれて，『はい，わかりました』とやる場合もあります。おかげさまで180年も続けてこられた大きな理由は『あそこなら後々大丈夫や』という信用があるから。……社長の最優先の仕事は何かといえばクレーム処理なのです。私にツキがあると感じるのは，クレームが発生したその晩か，あくる日にスケジュールが空いていることがよくあるということ。本当に何があってもすぐに飛んでいく，北海道であろうと九州であろうと。そうやってトップがすぐに行くことで，それ以上に傷口が広がらない。最終的には，表現が悪いですが，お金でしか解決できないわけですから。ちゃんとすることで，そこからやっぱりあそこに頼んどいてよかったということ

事例研究　京仏壇・京仏具の老舗――株式会社若林佛具製作所

になり，口コミで広がります。経験知から祖父がやってきたように，また父がやってきたように，やっぱりいいものを納め続けて来たという姿勢を取り続けてきました。『信用がすべて』というのは社員教育にもいえることです」。

卯兵衛氏によれば，経営者が備えるべき条件として次のように述べている。「本人が数字に強い経営者か，数字に強い部下，財務担当をもたないといけない。ワコールに中村さんという副社長，財務担当がおられたが，どこの会社でも財務担当があってはじめて経営が立ち行く。それと同時に人の使い方との2つのベクトルが揃っていることが重要。承継が続けば段々ルーズになっていくから。……親父はむちゃくちゃ数字に強かった。私はいいかげんですが，弟が強かったので，うまくいっています」。

2006（平成18）年，卯兵衛氏は，社長職を次弟・正博氏に譲り，自らは会長に就任した（それと同時に5代目卯兵衛を襲名している）。正博氏の社長就任は自他ともに認める次世代への中継ぎ人事であり，近い将来に長男・智幸氏（現・専務）が社長職を引き継ぐことになっている。

Ⅲ　事業承継に関する経験知

1　後継者獲得・育成の第一条件 ―「物が売れたら後継者は勝手に育つ」

近年，多くの中小企業が事業承継に関する問題に直面しており，そのなかには後継者を得ることができないために廃業という選択肢をとる者も少なくない。こうした時代背景のなかで，卯兵衛氏は，後継者獲得・育成という課題に対して次のような持論を展開している。「行政から後継者育成に関して，『お宅の業界は後継者いますか』という質問がよく来ます。私は，『物が売れたら後継者は勝手に育つ』という発想です。親父がベンツに乗っている，花街に出入りしている，結構海外旅行もしている，そういう職人さんの息子はほっといても後継ぎますよ。だから後継者育成の一番の基本はものが売れることなのです。きつい仕事であってもお金がついてきたら後を継ぎますよ，楽しい生活が片一方にあったらね。それが物つくれ，物つくれと売れへん物ばっかりつくらしているから，まして親父はこんな仕事をお前に継がせたくないと日常的にいっていて誰が継ぎますか。単純にお金が動かない，物が売れないというのは何もかもおかしくなります」。

2　"修羅場"経験の大切さ ―「死ぬような思いをしないと人間形成できない」

もちろん，「物が売れる」だけで，後継者が優秀な経営者に育つわけではない。卯兵衛氏は，筆者が行なったヒアリングのなかで，後継者の成長プロセスにおける"修羅場"経験の大切さを強調しており，次のような自身と長男・智幸氏のエピソードに触れている。「中学校の入学式の夜，私は息子を呼んで，正座させ，こういいました。『昨日までは小学生で小人運賃，大人の半額やったやろう。今日からは大人運賃や。わしはまだお前を一人前と認めていないけど，今日からお前は世間が大人と認めているから，わしもお前を一人前と認める。だから，自分の行動には責任を取れ』。……それから，息子は，中学のときに至近距離からドッジボールを目に当てられ，網膜剥離を起こしました。京大病院に入院して，石枕を両側にして絶対安静なのです。毎日仕事が終わってから見舞いに行きましたが，1週間くらい経ったとき『お父さん，毎日来んでええで』といった後にぽつんと『僕，このまま目がみえんようになったらお父さんにものすごく迷惑かけるな』という。私はこれでこいつは大丈夫やと思いました。このまま目がみえなくなったら他人に迷惑をかけると悩んでいる。この言葉を聞い

て，これでもう大丈夫やと思いました。人間はどこかで一皮剥ける。死ぬような思いをしないと人間形成できない，というようなことは他にもいろいろとみてきました。尊敬できる先輩はたいていどこかで大変な事故に遭っておられてたりしますよね」。

3　社会的信用の大切さ

前述のように，若林では「信用第一」の訓えが世代を越えて継承され，実践されてきた。後継者育成のプロセスにおいて，この訓えを後継者に内在化させることは非常に重要な意味をもっている。これについて卯兵衛氏は次のように述べている。「私は祖父から耳にたこができるほど『実印押すな，押すくらいならお金を渡してあげなさい』という教育をずっと受けてきたので，息子にそれをどう伝えようかなと思っているうちに，勤め先のリクルートコスモスで"実印の重み"というものを肌で感じて帰って来てくれました。何億の土地を転売する際に，おばあさんから実印を預かるという信用までいただいた。高額商品を信用で扱うという勉強をして帰ってきてくれましたので，私が教えなければいけないことを他所の会社で勉強して来てくれました」。

4　自己革新の大切さ ──「重箱の隅をつつけ」

近年の老舗研究をみると，長く継続する老舗というのは往々にして自己革新の経験を備えており，「伝統は革新の連続」というようなフレーズがよくみられる。この数年筆者が調査を行なっている京都の老舗企業には，自己革新の大切さを説く訓えが多く存在しており，若林では「重箱の隅をつつけ」がそれに当たる。"一般常識"では，「重箱の隅」というのはつついてはいけないものであるが，若林では，逆説的に，あえてそこをつつけと教えられる。卯兵衛氏によれば，「隅を越えたら犯罪，それは駄目だが，ぎりぎりまで覗くのはよい。そうすると，行ったらいけない世界かどうかを見極められる」という。換言するなら，あまり人目が届かない重箱の隅にこそ意外に革新の種が落ちているかもしれない。とはいえ，何をしても良いというわけではなく，やはり越えてはいけない境界があり，それを早いうちに経験的に知ることが大切であると説いている。

5　地域社会の教育力

卯兵衛氏は，これまでに京都府仏具協同組合理事長，全国伝統的工芸品仏壇仏具組合連合会会長，（財）伝統的工芸品振興協会副会長，京都伝統工芸協議会会長，（社）京都経済同友会常任幹事，京都商工会議所常議員，京都洛北ロータリークラブ会長といった各種団体の要職を歴任するなど，地域社会との多方面の関わりに積極的に参加してきた。卯兵衛氏によれば，京都は町の規模が小さく，老舗筋の経営者はたいてい顔見知りである。この"顔のみえる関係"のなかで後継者たちは常に評価の目にさらされており，当人たちの知らないところで情報が行き交っている。卯兵衛氏はいう，「私が頼まなくても，いろんなところで息子の話を聞かされます」と。「京都という町のすごさは，町が後継者を育てるということです。良い後継者がいると，親父が面倒をみなくても，同業の親世代やら料亭やお茶屋の女将さんやらが意識して教育します。何か素行に問題があれば，本人に『こんなことしとったらあかんで』と厳しく注意もします。京都の町が好きで，この子は京都に必要な人材，何とかしてやりたいという共通認識があるわけです。ですが，箸にも棒にもかからなくなると，"あほぼん"のレッテルが貼られます。そこから這い上がるには時間がかかります。……そういうことで，京都という町は，地域を挙げて事業承継に取り組まないといけないという使命感をもった町なのです」。

Ⅳ　おわりに

　本稿では，京仏壇・京仏具の老舗，若林がその182年の歩みのなかで得た事業承継に関する経験知について記述した。そこに示された世代間コミュニケーションのあり方，先人の訓えの継承のあり方，地域社会との関わりのあり方は，どれも円滑な事業承継を可能にする条件を帰納的に考えるにあたって非常に示唆に富む一次データであるといえよう。

　インタビューの最後に卯兵衛氏に対して「事業承継の根幹は何か？」と問うたところ，次のような回答があった。「何よりも"人づくり"が大切です。それは，事業を受け継ぐ者が私心を極力抑え，誰に対しても『謙虚にして奢らず』という態度をもって接するような，豊かな人間力を備えた経営者に育つかどうか，譲る側においては，このような後継者を育てられるかどうかにかかっています」。今後，若林では世代交代がいっそう本格化するだろうが，そのなかで卯兵衛氏の世代による"人づくり"の結果がいっそう顕在化することになるであろう。

参考文献

・事業承継研究会編（2009）『事業承継―2008年度研究成果報告書』同志社大学技術・企業・国際競争力研究センター。

企業情報

企業名	株式会社若林佛具製作所
代表者	若林正博　代表取締役社長
本社所在地	京都市下京区七条通新町東入
創業年	1830（天保元）年
設立年	1949（昭和24）年
業種	家庭用仏壇・仏具，寺院用仏具の製造・販売
資本金	3,000万円
従業員数	60名前後（うち非正規は10名弱）

2011年12月末現在

Fostering Long-Term Entrepreneurship

Entrepreneurship: any attempt at new business or new venture creation, such as self-employment, a new business organisation, or the expansion of an existing business, by an individual, a team, or an established business (Reynolds et al 1999).

BARRIERS TO ENTREPRENEURSHIP

When one talks about fostering entrepreneurship, who or what are we trying to target? For example, are governmental measures designed to foster entrepreneurship aimed at the graduate fresh out of university, the manager of an SME or micro business, or the potential successor of a Family Business? New entrepreneurs or existing SMEs have different needs. A new entrepreneur is likely going to be preoccupied by acquiring seed financing, whilst the SME might be focused on operating in emerging markets. However, these different types of owners or companies follow the same chain of evolution, and ultimately, the survival or expansion of a business will come from entrepreneurial activity.

The table shows the various barriers to entrepreneurship throughout the life cycle of a Family Business. A specific example, for the Family SME or Large Family Enterprise is Business Transfers, as it can become a major threat for these companies, because the majority of the wealth of the company is kept within, unlike listed companies who have dispersed share ownership. Therefore, when the company finally has to pay the subsequent gift or inheritance tax, they can become undercapitalised, stifling the next generation entrepreneurial spirit since he or she will not have the necessary investment capital to push the business forward. In this particular example, we see that a major barrier to

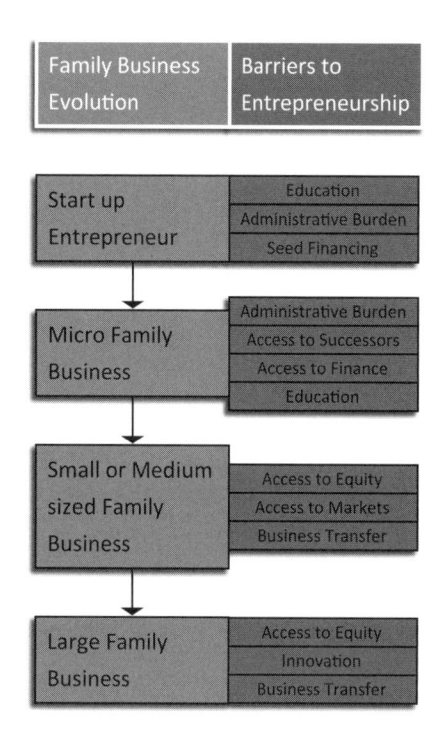

Family Business Evolution	Barriers to Entrepreneurship
Start up Entrepreneur	Education / Administrative Burden / Seed Financing
Micro Family Business	Administrative Burden / Access to Successors / Access to Finance / Education
Small or Medium sized Family Business	Access to Equity / Access to Markets / Business Transfer
Large Family Business	Access to Equity / Innovation / Business Transfer

entrepreneurship is often caused by the legal and fiscal framework which can stifle Family Businesses.

One of the main challenges facing the member states of the European Union (EU) is the need to enact policies that foster the strategic importance of entrepreneurship as a force for regional development and economic growth. The EU2020 strategy and the review of the Small Business Act rightly underline the need to foster entrepreneurship to boost growth and employment in Europe.

EFB-GEEF believes that fostering entrepreneurship must of course be promoted for first time business ideas, but in addition, entrepreneurship must be promoted in existing businesses in particular SMEs who have high growth potential. However, if the European Union wishes to also promote 'smart, sustainable and inclusive growth' in Europe, more emphasis needs to be placed on the Family Business model since they are very often run sustainably and for the long-term. Entrepreneurship must be developed by concrete policy initiatives, but also initiatives that encourage sustainability and ownership for the long-term.

PROPOSALS

1. Taking over a family business, or being an Entrepreneur is a viable career: It is evident that in Europe there is a social stigma attached to being an entrepreneur. This is reflected by the fact that in the United States, being an entrepreneur is seen as positive career choice, and entrepreneurial activity is much higher in comparison to Europe. **This negative perception of entrepreneurship throughout Europe must be changed.** The fear of the administrative procedure for setting up a business coupled with the fear of failure, or simply the perception of no security as an entrepreneur are some of the major factors which limit entrepreneurial activity in Europe.

- Greater awareness of entrepreneurship as being a viable career option and a benefit to society must be pushed at all levels.
- The administrative burden which comes with the setting up of a business must be simplified.
- Safety nets need to be put in place to assist those that do not succeed in entrepreneurial endeavours. Failed honest entrepreneurs need to be given second or even third chances to succeed as the initial failure is a learning experience as they are most likely to succeed the second time around.
- Simplification of bankruptcy procedures would help entrepreneurs start again and try to tap the full potential of business to create wealth and jobs.

2. Transfer of Business: Family Businesses are the predominant form of enterprise in Europe; however, transferring a business to family members or outside actors is a complicated process. In some instances, potential successors within a Family Business do not find the prospect of taking over their parents business attractive. This puts thousands of businesses at risk each year, since the most suitable successor is not always willing, or available to take over. In many cases, however, parents do not take these developments into account and automatically assume that their children will become the successors of their family business.

- The European Commission should aim at a better implementation of the already existing recommendations with regards to the simplification of the tax and regulatory framework. In particular:
  - Reduced Inheritance and gift taxes
  - Level-playing field between debt and equity
  - Reinvestment tax reliefs
- Business transfers should receive at least the same extent of support as start-ups. According to 2002 project on business transfers from the Commission, existing companies conserve on average five jobs whereas a start-up generates on average two jobs.
- Eurostat should have accurate data on the Transfer of Business at the EU Level, and member states company registers should show it more clearly.
- Increase efforts in dissemination of best practices: Seminars and workshops and co-operation between employers' organizations and specialized family business networks should be encouraged.

3. Access to Finance: Although the European Union and the Member States have rightly underlined access to finance for entrepreneurs as vital to fostering entrepreneurship, very often effective tools and measures already exist. A myriad of schemes have been developed in many of the Member States to help entrepreneurs find financing to set up their business ideas, however, very few entrepreneurs or business owners are aware of the tools which are available to them.

- The EU and the Member States must improve its communication with individual citizens and business owners of the policy measure and initiatives that can aid them in setting up or expanding their businesses.

- The EU and its Member States must promote a level playing field between debt and equity. Income from equity is often subject to more severe taxation than income from other types of capital, e.g. deposits or bonds. New or existing businesses are overly exposed because their balance sheets hold too much debt, leaving them extremely vulnerable to down turns. Stronger balance sheets and equity ratios are vital for business owners to run their businesses for the long term. Tax systems in Europe must become more innovative, and reward entrepreneurs and businesses who run their companies for the long term.

4. Entrepreneurship Education: Entrepreneurship education has been highlighted as being essential for fostering creativity and innovation. Entrepreneurship is integral to Family Businesses. 'Most start-ups begin as a Family Business and are faced with the question as to whether they want to continue the business beyond the founders. Therefore, promoting entrepreneurship is directly linked to promoting Family Businesses.'[i]

- Entrepreneurship education needs to be started as early as possible. Importantly, entrepreneurship education should aim to foster new family entrepreneurs, but also promote entrepreneurial behaviour (including innovation) in existing businesses.
- Family Business specific issues such as succession and family governance should be included in Entrepreneurship curricula to better prepare future entrepreneurs to successfully run their businesses should be.
- Special efforts need to be made to better the relationship between universities and business. Business owners and entrepreneurs need to be directly engaged in the learning process, since they bring practical expertise and hands-on know-how into the class room. Family Business owners or entrepreneurs can often bring something different - their corporate values, such as sustainability, trust, responsibility, and integrity.
- European Family Businesses-GEEF believes that coordinated action by the Commission is needed to utilise and promote the knowledge of thousands of family entrepreneurs to teach students, primarily in higher-education, of the benefits of starting a business and running it for the long-term (see EFB-GEEF Education Policy Paper).

In general, most European policy measures focus more on start-up entrepreneurs rather than on existing SMEs. SME and Entrepreneurship policies must be better integrated with the long-term approach of Family Businesses, to cater for the specific needs of entrepreneurs who want to run their companies sustainably and for the long-term.

> European Family Businesses-GEEF represents 1 trillion euros in aggregated turnover which is 9 per cent of European GDP. The objectives of European Family Businesses-GEEF is to promote a full understanding of the key role of family-owned enterprises in Europe's economy, to press for policies that will support the creation of a level playing field for Family Businesses compared to all other types of companies, and to ensure recognition of their contribution to the entrepreneurial culture and social cohesion in Europe.
> www.efb-geef.eu

Reference:

European Family Businesses-GEEF (European Group of Owner Managed and Family Enterprises)

---

i Final Report of the Expert Group Overview of Family–Business–Relevant Issues: Research, Networks, Policy Measures and Existing Studies (November, 2009).

彙報

学会各種イベントの報告

(2010年5月31日～2011年9月30日)

I　学術大会

≪2010年度学術大会≫

日　時：2010年12月4日（土），5日（日）
会　場：同志社大学
主　催：一般社団法人事業承継学会
　　　　同志社大学技術・企業・国際競争力研究センター

プログラム
4日
15:30～16:30　エクスカーション　池坊にて
17:30～19:30　レセプション　新島会館別館にて

5日
会　場：同志社大学寒梅館 KMB211
10:00　開会の辞　中田喜文（同志社大学，本学会代表理事）
10:00～11:20　研究会Ⅰ
　座　長：横澤利昌（亜細亜大学）
　　報告者：服部利幸（立命館大学）
　　演　題：「町人考見録から学ぶ事業承継 —奢りの戒め」
　　報告者：末包厚喜（高知工科大学）
　　演　題：「事業継承におけるドメイン変更要因について —高知県の建設業のケースからの考察」
11:30～12:50　研究会Ⅱ
　座　長：堀村不器雄（堀村公認会計士事務所）
　　報告者：古家野彰平（弁護士法人古家野事務所），中野雄介（清友監査法人）
　　演　題：「非公開会社の株式価格算定に関する裁判事例の検討」
　　報告者：吉川孝（税理士法人さっぽろ経営センター／日成コンサルティング株式会社）
　　演　題：「体験的事業承継論」
14:00～15:00　基調講演
　　テーマ：「事業承継学の確立にむけて —事業創造・持続・承継」

座　長：中田喜文（同志社大学）
　＜講演 1 ＞
　　講演者：堀場雅夫（株式会社堀場製作所）
　　演　題：「自今生涯」
　＜講演 2 ＞
　　講演者：林廣茂（同志社大学）
　　演　題：「温故知新」
16:10 〜 17:20　パネルディスカッション
　座　長：中田喜文（同志社大学）
　　パネリスト：堀場雅夫（株式会社堀場製作所）
　　　　　　　　林廣茂（同志社大学）
　　　　　　　　辻理（サムコ株式会社）
　　　　　　　　田中準一（京都府商工労働観光部）
17:20 〜 17:30　閉会の辞　大会実行委員長　辻理（サムコ株式会社）
基調講演のコンセプト：研究者の視点と，経営者の視点から見た事業承継の探究

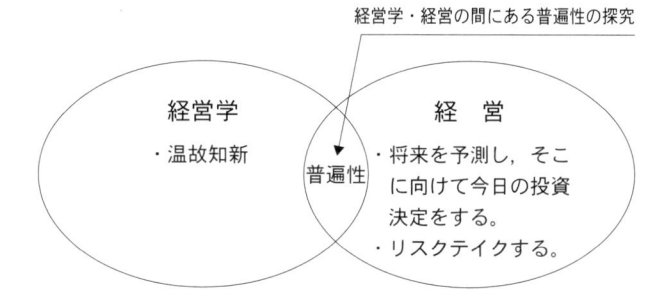

経営学・経営の間にある普遍性の探究

経営学
・温故知新

普遍性

経　営
・将来を予測し，そこに向けて今日の投資決定をする。
・リスクテイクする。

Ⅱ　オープンフォーラム

≪ 2010 年度オープンフォーラム ≫

日　時：2010 年 6 月 25 日（金）17:30 〜 19:35
会　場：同志社大学寒梅館 KMB208
主　催：一般社団法人事業承継学会
　　　　同志社大学技術・企業・国際競争力研究センター（ITEC）
後　援：京都商工会議所
テーマ：「日本の事業承継 ―先達から学ぶ 21 世紀の姿」

プログラム

17:30　開会の辞　中田喜文（同志社大学，本学会代表理事）
17:35 〜 18:55　第Ⅰ部　基調講演

彙報 学会各種イベントの報告（2010年5月31日〜2011年9月30日）

　　＜講演1＞
　　　講演者：石田隆一（株式会社イシダ）
　　　演　題：「企業の永続と発展」
　　＜講演2＞
　　　講演者：横澤利昌（亜細亜大学）
　　　演　題：「老舗企業（100年）から学ぶ事業承継」
18:55〜19:30　第Ⅱ部　先達に聞く事業承継の知恵
　　語り手：小林林之助（株式会社あみだ池大黒）
　　聞き手：河口充勇（同志社大学）

≪2011年度オープンフォーラム≫

日　時：2011年9月3日（土）13:00〜15:30
会　場：ハイアットリージェンシー京都
主　催：一般社団法人事業承継学会
　　　　同志社大学技術・企業・国際競争力研究センター（ITEC）
後　援：野村財団
テーマ：事業承継の普遍性―国と時代を超えて
13:00　開会の辞　中田喜文（同志社大学，本学会代表理事）
13:05〜15:00　基調講演
　　＜講演1＞
　　　講演者：Simon Berry（Berry Bros. & Rudd Limited）
　　　演　題：「英国流事業承継の秘訣」
　　＜講演2＞
　　　講演者：増田德兵衞（月の桂醸造元 株式会社増田德兵衞商店）
　　　演　題：「京のおもてなし－老舗酒屋の今昔」
15:00〜15:30　質疑応答

本フォーラムは，当日6時時点で台風12号による暴風警報が京都市内を対象に発令されていたため，やむなく中止した。しかし，今回のフォーラム報告予定者には，海外からお呼びした方もおられ，日程の再設定がきわめて困難であったため，当日自主的に参集した学会理事会メンバーの前で，2人の基調講演者に，フォーラムのためにご準備いただいた内容をご発表いただき，その様子をビデオ撮影した。そして，9月30日（金曜）に同志社大学寒梅館6階大会議室にてビデオ放映した。

Ⅲ　研究会

≪2010年9月研究会≫

日　時：2010年9月18日（土）10:00〜12:00
会　場：同志社大学 寒梅館6階大会議室

講演者：野村亜紀子（野村資本市場研究所）
演　題：「米国における事業承継へのイソップ（ESOP）の活用」
司　会：桑木小恵子（同志社大学）
主　催：一般社団法人事業承継学会
　　　　同志社大学技術・企業・国際競争力研究センター（ITEC）

≪2010年11月研究会≫

日　時：2010年11月10日（水）18:00～19:30
会　場：同志社大学　寒梅館KMB319プレゼンテーションホール
講演者：末岡照啓（住友史料館）
演　題：「住友400年の企業生命力 —家法を中心に」
司　会：末永國紀（同志社大学）
主　催：一般社団法人事業承継学会
　　　　同志社大学技術・企業・国際競争力研究センター（ITEC）

≪2011年1月研究会≫

日　時：2011年1月17日（月）18:00～19:30
会　場：ハリウッド大学院大学10階107教室
　　　　〒106-8541 東京都港区六本木6-4-1　六本木ヒルズ　ハリウッドプラザ
講演者：山本嘉一郎（株式会社山本山）
演　題：「山本山320年の歩み —温故知新から温故創新へ」
司　会：横澤利昌（亜細亜大学）
主　催：ハリウッド大学院大学
協　賛：一般社団法人事業承継学会
　　　　同志社大学技術・企業・国際競争力研究センター（ITEC）

≪2011年2月研究会≫

日　時：2011年2月14日（月）18:00～19:30
会　場：同志社大学寒梅館6階大会議室
講演者：塚本喜左衛門（ツカキグループ）
演　題：「日本的経営の源流 —近江商人の「三方よし」精神」
司　会：末永國紀（同志社大学）
主　催：一般社団法人事業承継学会
　　　　同志社大学技術・企業・国際競争力研究センター（ITEC）

≪2011年3月研究会≫

日　時：2011年3月9日（水）18:00～19:30
会　場：同志社大学寒梅館KMB213号室

彙　報　学会各種イベントの報告（2010年5月31日〜2011年9月30日）

講演者：池上浩一（野村ホールディングス）
演　題：「グローバル投資銀行 NOMURA HD における創業の精神の承継」
司　会：桑木小恵子（同志社大学）
主　催：一般社団法人事業承継学会
　　　　同志社大学技術・企業・国際競争力研究センター（ITEC）

≪2011年4月研究会≫

日　時：2011年4月18日（月）18:00〜19:30
会　場：同志社大学寒梅館6階大会議室
講演者：川満直樹（同志社大学）
演　題：「パキスタン財閥の事業承継の仕方」
司　会：末永國紀（同志社大学）
主　催：一般社団法人事業承継学会
　　　　同志社大学技術・企業・国際競争力研究センター（ITEC）

≪2011年6月研究会≫

日　時：2011年6月20日（月）18:00〜19:30
会　場：同志社大学寒梅館6階大会議室
講演者：後藤俊夫（日本経済大学）
演　題：「ファミリービジネス論における事業承継」
司　会：河口充勇（東京女学館大学）
主　催：一般社団法人事業承継学会
　　　　同志社大学技術・企業・国際競争力研究センター（ITEC）

≪2011年8月研究会≫

日　時：2011年8月1日（月）18:00〜19:30
会　場：同志社大学寒梅館6階大会議室
講演者：花堂靖仁（早稲田大学）
演　題：「事業承継にガイドラインが必要ではありませんか」
司　会：桑木小恵子（同志社大学）
主　催：一般社団法人事業承継学会
　　　　同志社大学技術・企業・国際競争力研究センター（ITEC）

一般社団法人 事業承継学会会則

第1章　総則

(総　則)
第1条　この会則は，一般社団法人事業承継学会定款（以下「定款」という。）に基づき，一般社団法人事業承継学会（以下「本学会」という。）の制度，事業等について定める。

第2章　目的及び事業

(目　的)
第2条　本学会は，企業の事業承継に関する研究及び教育の発展に貢献し，事業承継の実務に資することを目的とする。

(事　業)
第3条　本学会は前条の目的を達成するために以下の事業を行う。
　(1)　学術大会，研究会，フォーラム，シンポジウム等の開催
　(2)　会員の研究成果の報告，刊行
　(3)　インターネットなどの多様なメディアを通じて事業承継に関心を持つ内外の関係者との交流
　(4)　諸外国の関連学会・機関との連携
　(5)　調査・研究支援
　(6)　教育・普及事業
　(7)　その他，理事会において必要と認めた諸事業

第3章　会員

(会　員)
第4条　本学会の会員は，定款第5条により次のとおりとする。
　(1)　一般会員
　(2)　学生会員
　(3)　特別会員

(資格要件)
第5条　会員の資格要件は，次のとおりとする。
　(1)　一般会員は，本学会の目的に賛同する事業承継に精通しようとする者とする。
　(2)　学生会員は，事業承継に精通する研究意欲を持ち，かつ学校法による学生証を保有する者とする。
　(3)　特別会員は，本学会の目的に賛同し，学会活動を支援する者とする。
　(4)　臨時会員は，会員ではないが共同発表者として学術大会等で発表を行うときに所定の会費を支払った者とする。

2 会員は死亡したとき，2年以上会費を滞納したとき，著しく本会の名誉を傷つけたとき，その資格を喪失する。
（入会手続き）
第6条 一般会員として入会を希望する者は，原則として一般会員及び特別会員のうち1名の推薦を得ることを要する。
2 前項の推薦を受けた者は，所定の入会申込書を事務局に提出するものとする。
3 理事長は，入会希望者について常務理事の審議を経て入会を承認するものとする。
（会員名簿及び個人会員に関する情報の取扱い）
第7条 入会者は，会員の種別毎に，本学会の管理する会員名簿に登録する。
2 第6条の入会申込書に記載した主要事項に変更があった場合は，当該会員から，理事会が別に定める変更届の提出を求める。
3 会員名簿に登録された個人会員に関する情報については，その公開の可否及び公開の範囲について，本人の意向を十分尊重し，慎重に取り扱わなくてはならない。
（会　費）
第8条 会員の会費は，次のとおりとする。
 (1) 一般会員　　年額1口　　10,000円
 (2) 学生会員　　年額　　　　5,000円
 (3) 特別会員　　年額1口　　30,000円
（会費の納期）
第9条 会員は，毎事業年度，9月30日までに，会費年額の全額を納付しなければならない。
（中途入会の場合）
第10条 事業年度の中途に入会した会員の会費は，入会時期を問わず年会費を徴収するものとし，会員の特典を可能な限りその年度の10月に遡って適用する。
2 前項の会費の納入は，本学会から入会の承認の通知を受けた日から14日以内とする。
（会員資格の取得）
第11条 入会手続きを経た者は，会費の納入が確認された後，会員として登録される。入会日は登録日とする。
（権利義務）
第12条 会員の権利義務は，以下に定め，特別の場合を除き入会日をもって発生する。
 (1) 本学会が刊行する学会雑誌の頒布を受けることができる（入会年月日以降）。ただし，会費を2年滞納した場合はこれを停止する。
 (2) 総会，学術大会，その他本学会が行う事業への参加ができる。
 (3) 学会雑誌への投稿および学術大会への演題応募ができる。
 (4) 第8条に定めるとおり，会費を納めなければならない。
 (5) 総会の議決を遵守しなければならない。
 (6) 住所，氏名，学会雑誌送付先に変更がある場合は速やかに届け出なければならない。
 (7) その他本学会の定款および規則等に定められるところの権利を行使し義務を負う。
（退　会）
第13条 退会しようとする者は退会届を学会事務局に提出しなければならない。
2 会員の退会年月日は届け出のあった日とする。

3　既納会費は返納しない。

（再入会）

第14条　一旦会員の資格を喪失した者が再度入会しようとするときは，新規入会の手続きを要するものとする。

（通　知）

第15条　会員の入会通知は本人に対して行う。

第4章　役員

（役　員）

第16条　本学会の役員の選任は，定款第26条に定めるとおりとする。

（顧　問）

第17条　本学会に顧問を置くことができる。

2　顧問は，理事長が委嘱する。

3　顧問は，本学会の運営に関する理事長の諮問に応ずる。

第5章　学会誌及び学術集会

（学会誌）

第18条　本学会は，学会誌「事業承継」（Business Succession）を年1回以上発行する。

（学術大会）

第19条　本学会は学術大会を年1回開催する。

2　会員は学術大会に参加することができる。

3　前項以外の者は，学術大会が定める参加費を納めるときは，その学術大会期間中のみ特別参加者として参加することができる。ただし，学術大会抄録集は別途有料配布とする。

4　学術大会参加費は大会長が定める。

5　学術大会で発表する研究は，その抄録を学会誌「事業承継」に掲載する。

第6章　補　則

（補　則）

第20条　この規則に定めがなく，実施上補足を要する事項については，その都度理事会の定めるところによる。

附　則

（附則）

1　本会則は平成22年5月31日から施行する。

彙 報

事業承継学会役員一覧

2011 年 12 月末現在

代表理事

中田喜文（同志社大学）

理事

石田隆一（株式会社イシダ）
伊藤久人（伊藤久人公認会計士事務所）
河口充勇（東京女学館大学）
桑木小恵子（同志社大学，株式会社 SAE マネジメント）
小橋　哲（名古屋商科大学）
古家野彰平（弁護士法人古家野法律事務所）
末永國紀（同志社大学）
武田昭俊（株式会社タケダ）
辻　理（サムコ株式会社）
中野雄介（清友監査法人）
服部利幸（立命館大学）
林　廣茂（西安交通大学）
堀　悦明（堀金箔粉株式会社）
堀村不器雄（堀村公認会計士事務所）
横澤利昌（亜細亜大学）
若林卯兵衛（株式会社若林佛具製作所）

監事

杉田徳行（杉田公認会計士事務所）
長谷川佐喜男（長谷川公認会計士事務所）

顧問

古家野泰也（弁護士法人古家野法律事務所）
中田哲雄（同志社大学，元中小企業庁長官）
中野淑夫（公認会計士）

（五十音順）

『事業承継』投稿規定

(投稿)
1 投稿者は原則として事業承継学会の会員とする。ただし，編集委員会が特に認めるものについてはこの限りではない。
2 投稿原稿は未発表のものに限る。二重投稿は認めない。
3 投稿の締切日，宛先，方法，注意事項等については編集委員会より通知する。
4 原稿区分は，「論文」，「研究ノート」，「書評」，「新刊紹介」，その他編集委員会が特に認めるものとする。各区分の字数制限については執筆要領に定める。
5 投稿原稿の査読の際には，投稿者の氏名を伏せて行なうため，投稿原稿においては投稿者が誰か特定できないよう注意すること。
6 学生会員が投稿する際には，必ず投稿前に指導教員に原稿チェックを依頼し，指導教授の推薦状を提出すること。

(採否および掲載)
7 投稿原稿の採否は，別に定める「投稿原稿の査読規定」に従って決定し，結果を投稿者に通知する。
8 採用原稿を第4条記載のいずれの区分で掲載するかは編集委員会において決定する。
9 採否に関わらず，投稿原稿のハードコピー，CDなど電子媒体は返却しない。

(校正)
10 掲載決定後の著者校正は原則として1回とし，大幅な変更は認めない。2校以降は原則として編集委員会の責任とする。

(別刷)
11 抜刷の作成費用は著者負担とし，初校の際に希望部数を編集委員会に伝える。

(著作権)
12 掲載された原稿の著作権は，事業承継学会に帰属する。本誌掲載論文を著者が他に転用する場合は，文書によって編集委員長の了承を得なければならない。

(改訂)
13 編集委員会は，理事会の承認を得て，本規定を改定することができる。

彙　報

『事業承継』執筆要領

1　使用言語は原則として日本語とする。
2　「論文」「研究ノート」には和文要旨（800字程度）ならびに英文要旨（200〜300語程度）を付ける。要旨には，和文・英文ともに，キーワード（5つ以内）を付ける。
3　字数は原則として「論文」20,000字以内，「研究ノート」10,000字以内とし，それ以外は5,000字以内とする。なお，地図，写真を含める場合には，使用するスペースを字数に換算する。
4　書式はA4版横書きで，1頁を40字×30行で1,200字になるようにする。日本語は全角入力，数字や欧文は半角入力とする。
5　章，節，小見出しにつける番号は，章にはローマ数字（Ⅰ，Ⅱ…）を，節にはアラビア数字（1, 2…）を，小見出しには丸括弧付きアラビア数字（(1), (2) …）を使用する。
6　本文中の注記（説明注）の箇所は，字末の右肩に(1)(2)…と通し番号を挿入し，本文末に一括して記す。参考文献を示すだけの注記（出典注）は，本文の該当箇所の直後に（　　）をつけて，著者の姓，刊行年の数字，頁の順で記載する。例えば（横澤2000: 5-6）のように表記する。
7　参考文献は，注の後に和文文献と欧文文献に分け，前者はあいうえお順，後者はアルファベット順に並べる。同一著者の文献が複数ある場合，発行年の古いものから掲載する。
　【和文文献】
　書籍：氏名（出版年）『タイトル』出版社名
　書籍掲載論文：氏名（出版年）「論文タイトル」編者名『書籍タイトル』出版社名
　雑誌掲載論文：氏名（出版年）「論文タイトル」『雑誌名』巻数（号数）: 掲載ページ
　【欧文文献】
　書籍：氏名（出版年）"タイトル"，出版社名．
　書籍掲載論文：氏名（出版年），'論文タイトル'，編者名，"書籍タイトル"，出版社名．
　雑誌掲載論文：氏名（出版年），'論文タイトル'，"雑誌名"，巻数（号数）: 掲載ページ．
8　参考にしたURL情報についても，文献と同様の扱いをしてリストに含め，参照年月日を明示する。
9　以上の規定から逸脱のある原稿は，受理されないことがある。

入会案内

　事業承継学会への入会を希望される方は，学会ホームページ（http://www.jsbs.jp/）より入会申込書ファイルをダウンロードし，必要事項を記入の上，Eメールで学会事務局メールアドレス（info@jsbs.jp）までお送りください。

＜入会に至るまでの手続き＞

1　学会ホームページより入会申込書をダウンロード
↓
2　入会申込書に必要事項を記入のうえ，事務局へ提出
↓
3　事務局から受領確認メールを送付
↓
4　常務理事による審議
↓
5　事務局より審議結果を通知
↓
6　事務局の指示に従い，会費納入

学会費

種別	年会費
一般会員	10,000円（1口）
学生会員	5,000円
特別会員	30,000円（1口）

入会申込・問い合わせ先
事業承継学会事務局
〒602-8580　京都市上京区今出川通烏丸東入
同志社大学　技術・企業・国際競争力研究センター内
Email: info@jsbs.jp

編集後記

　事業承継学会の創刊号を発刊することになった。これが京都の地から発信することに意義ある。それは長い歴史の中で先視から何代にもわたる事業承継の中心地であり，何より企業家精神が旺盛だからである。

　事業承継の難しさはよく3代で倒産する，といわれる。当学会の研究会で報告者の塚本喜左衛門氏（ツカキグループ社長）が近江商人の掛け軸に描かれた墨絵を持参して説明してくれたことがあった。初代は夫婦が汗を流し協働している姿，中段の絵は高い敷居の上座に座った亭主が皆に茶をふるまっている。下段は乞食が犬に吠えられて逃げている姿であった。代々幼いころからこれを見ながら育ってきたという。承継は家での教育から始まる。

　日本において戦後のどん底から這い上がったのが創業者・初代とすれば，承継された2代目はよく頑張ったが結果としてバブル経済を招いてしまった。当時，一部の論調はもう海外から学ぶものはないと自信過剰になっていた結果がこれである。このままでいくとどうなるかはあの掛け軸が教えてくれている。平成の3代目はぬるま湯に慣れて何事も全体的に姑息になってきている。

　おりしも昨年の3月11日，地震・津波そして原発事故が起こった。社会は混乱し，経済はさらに減速している。しかし，危機感のないところに戦略はないといわれる。歴史は自己を映す鏡である。東日本大震災を契機に歴史を振り返り，現実の問題に対処し未来を考える機会ではないであろうか。これから国家100年の計に立ち，それには共通するビジョン，こころに響きあう話し合いと実行，そして個々人のやる気。これが組織を継続させる原理である。

　大震災を体験した若者から次世代の承継者が生まれるのを期待する。

　創刊号は各方面の様々な視点から事業承継を中心に論じ，記述して頂いた。日本の将来の不透明さが増している今，これらが今後の課題解決のヒントになれば幸いである。

　本号に掲載されている（株）堀場製作所・最高顧問の堀場雅夫氏，（株）イシダ会長の石田隆一氏，（株）あみだ池大黒会長の小林林之助氏の講演録では，スケールの大きい企業精神が表現されていた。また，林廣茂・後藤俊夫両教授はじめ研究者にも専門分野からの貴重な論文を多くご寄稿いただき，あわせて御礼申し上げる。

　また，スイスのIMD（International Institute for Management Development）にはファミリービジネス学科があり，事業承継等にも見識の高いビジネススクールである。「企業家精神」の論文を希望したところ創刊号に掲載してくれたのが"Fostering Long-Term Entrepreneurship"である。仲介はファミリービジネス・ネットワーク・ジャパン参与の河田淳氏である。

　今後この機関誌を世界に発信できるようなグローバルなものにしたいと考えている。

　不十分な点を補い，顧客の価値創造を目指して編集に努めたい。

　最後に編集委員の各位に感謝する。特に河口委員には連絡や校正の仕事を献身的にこなしていただいた。また，文眞堂専務取締役企画部長の前野隆氏，担当の山崎勝徳氏に謝意を表する。（編集委員長・横澤利昌）

編集委員

河口充勇　　東京女学館大学
杉田德行　　杉田公認会計士事務所
服部利幸　　立命館大学
横澤利昌（委員長）　亜細亜大学

事業承継

Vol. 1

2012年3月31日発行　　　　　　　　　検印省略

編　集　一般社団法人　事業承継学会

発行者　前　野　　弘

発行所　㈱　文　眞　堂

東京都新宿区早稲田鶴巻町533
電話　03（3202）8480
FAX　03（3203）2638
http://www.bunshin-do.co.jp/
〒162-0041　振替 00120-2-96437

印刷・製本　モリモト印刷
© 2012
定価は表紙裏に表示してあります
ISBN 978-4-8309-4745-2